JN005919

シャイな
自分に
悩んだら

The Shyness Workbook

30 Days to Dealing Effectively with Shyness

30日で身につく

シャイネス・ワークブック

自分の個性を理解して、
シャイと上手につきあえる人になろう

◎著
ベルナルド・J・カルドゥッチ
◎訳
佐藤恵美、松田浩平

福村出版

自分自身のシャイな面を知って、“あなた自身”を大切にしよう

本書は“The Shyness Workbook”の日本語版です。この本はドイツ語、フランス語、イタリア語、アラビア語、韓国語など、さまざまな言語に翻訳されています。著者であるカルドゥッチ博士自身もシャイであり、自分以外のシャイな人がシャイとうまくつきあうことができることを願ってこの本を書きました。この本の重要な用語はシャイ“shy”と、シャイネス“shyness”です。

＊「私はシャイ“shy”な人？」たとえば……

・人前に出るのが恥ずかしい、あるいは、誰かと会話するだけで必要以上に緊張する。
・会議やプレゼンなど、人前に出て話をするのが苦手。
・パーティや人の多いところでは気後れしてしまう。
・恥ずかしくて自分からは話しかけられない、または、人と視線を合わせるのが苦手。
・友人や知り合いの前でおかしな言動をとってしまって、あとからとても後悔する。

シャイな人は日本だけでなく、どこの国にもいます。日本では、一般的に恥ずかしがりや、人見知りなどの用語で呼ばれることもありますが、これらの表現はネガティブなイメージや多様な解釈があるため、本書ではそのままシャイ、シャイネスと訳します。

シャイな人は、シャイを治そう、あるいは隠そうとすることで、社会生活や対人関係をより難しくしている可能性があります。このような人がシャイネスであり、単に対人関係に消極的なだけでなく、緊張や気後れといった対人不安や身体的変化を感じる特徴をもつ人です。

＊「シャイネス“shyness”って何？　どんな人？」たとえば……

・“恥ずかしい”という感情だけでなく、顔がほてる、冷や汗をかくなど、身体的な症状も伴うという意味も含む。
・“恥ずかしい”という感情によって、独特の行動や対人不安を引き起こし、自分自身を肯定できなくなり、その後の行動や考え方にネガティブな影響を引き起こしてしまう。

シャイな人もシャイネスを伴う人も、「緊張しないように、このような行動を直さなければ」と考えてしまいがちですが、シャイはあなたの大切な個性の一部なのです。シャイとうまくつきあうことができると、あなたは自然体で人とつきあい、日常のどのような場面でもあなたらしい感情や行動で生きることができるでしょう。それでは、「シャイとうまくつきあう」ためのスキルと、その戦略を身につけるためのレッスンをはじめましょう。

佐藤恵美

この本の読み方と使い方

シャイな人たちが、シャイと上手につきあえるようになってもらうために、本書は1日ごとに完結する30日間の単元からなっています。

1日分の単元は、4つの内容で構成されています。

1．知っておいてほしいこと

シャイネスに関する重要な情報が書かれています。その意図は、自分自身のシャイネスの性質や、それを引き起こすダイナミクスを理解する上での主要項目と重要な特徴に目を向けやすくすることにあります。

2．あなたはどうですか

この内容はさまざまな形式のクイズや質問票で、シャイな人たちの自己診断を促すことを意図しています。

3．寄せられた声

シャイな人たちから、実際に寄せられた意見を紹介します。「知っておいてほしいこと」と「あなたはどうですか」で議論された情報に沿ったテーマを、より身近な例を通して説明します。これは、あなたのようなシャイな人たちに、あなたのような思考や感覚、苦痛や悩み、仲間などとの関係性からくるストレスを抱えているのはあなただけではなく、シャイな人は世界中にいるということを知ってもらうためです。

4．ふりかえってみよう

以上の3つのプロセスを終えて、自分を見つめ直しましょう。各単元で伝えたい必須ポイントとして「知っておいてほしいこと」に書かれていた重要な内容を再度思い出すことで内省プロセスが加速しますし、この内省に基づいた内面的記述をしてもらう意図もあります。

ここでは日誌のような文章を書いてもらいますが、3つの意図があります。

1. あなたのようなシャイな人たちに、単元の最初で提示された主要な情報を再度考えてもらう。
2. 「あなたはどうですか」での、あなたの回答を再度考えてもらう。
3. ほかのシャイな人たちの声を聞いた「寄せられた声」から、再度考えてもらう。

本書をフィリップ・G・ジンバルドー博士に捧げます。

あなたは、私の生活面においても研究面においても発想の源であり、良き師であり、誰よりも重要な存在であり、そしてなんと言っても一番大切な友人なのです。博士、あなたはシャイネス研究に対する私の関心に火をつけてくださいました。そしてシャイだった私にシャイネスと上手に向き合う勇気を与えてくださいました。

あなたは私の人生をより良いものに変えてくださったのです。

──永遠に。本当にありがとうございました、Z。

もくじ

『シャイネス・ワークブック』を書くにあたって

歓迎の言葉と本書の筋立て

私は、学生時代はシャイな10代の若者でした。それを克服するためにシャイネス（あがり症）に関する本を読みはじめました。それ以来、純粋に個人的理由で始まったシャイネスに対する関心は、研究者としての探求に変わりはしたものの、過去25年間ずっと私を魅了し続けています。シャイネスの性質やそれを引き起こす基本的ダイナミクスを理解しようと研究する中で、私の最も興味深い部分はシャイな人がとても多いことです。具体的に言うと、私の実施した調査だけでなく、ほかの人の調査においても、全体のほぼ40パーセントの人が自分をシャイだと言い、そのうちの95パーセントがかなりの状況で実際シャイになったと言っています。したがって、あなた自身がシャイか、シャイな人を知っている可能性はものすごく高いのです。

シャイネスが大きな問題なのは、あなたの幸福感の源である生活のさまざまな場面で、あなたのようなシャイな人たちに苦しみや問題を引き起こす可能性があるからです。――たとえば、友人関係を築き関係を深めていく場面で、教育や職業で上を目指す場面で、個人的なそして家族としての関係を一生涯にわたり深めていく場面で問題を引き起こすからです。

私はあるとき、シャイネスの人の永年にわたる苦しみの声を聞きました。それは地域住民向けの1時間あまりの無料出張講義終了直後に近づいてきた、80歳過ぎの女性からでした。彼女は、目に涙を浮かべ声を震わせながら言ったのです。「この講義を10歳のときに聞きたかったわ、80歳の今ではなくってね！　だいぶ損をしたわ！」このようなコメントには心が痛むものがあります。しかし残念なことに、このような声は私がシャイな人から直接聞いたものだけではないのです。

世界中のシャイな人たちから送られてきた手紙、Eメール、ファックス、そして電話による多数のコメントの中に、あまりにも頻繁に出てくるものの典型にすぎないのです。あなたも無料出張講義のときに近づいてきた老婦人と同じ感情をシャイネスに抱いたことが間違いなくあるはずです。

シャイな人たちは、消極的で引きこもりと捉えられがちです。しかし私の調査では、多くの人たちは自己流のシャイネス対処戦略をかなり積極的に試されています。ただ、それらの戦略の多くに典型的に見られる特徴は、シャイネスを引き起こす基本的ダイナミクスをきちんと理解せずに、自己流であることです。その結果、自分で考えた戦略はあなたのためになっていないことがよくあるのです。このような自己流戦略からは、期待するほどの満足は得られません。また、そのことで挫折感やむなしさが生じてしまうこともあるのです。私は、読者のみなさんがシャイネスに対する自己流戦略を数多く試したことがあり、それらがみなさんの満足とは程遠いものであり、挫折感をもってしまっていると自信をもって言えます。だからこそ『シャイネス・ワークブック』を書いてみようと思ったのです。

シャイネスに関する私の全知識を注ぎ込んで『シャイネス・ワークブック』は企画されています。その目的は、みなさんのようなシャイな人たちをシャイネスとうまく向き合えるようにし、「シャイと上手につきあえる人」になってもらうことにあります。

本書の基本的立場は、シャイネスは治療を必要とするものでもなければ、病気でもなければ、パーソナリティ欠陥でもなければ、性格異常でもないというものです。シャイネスはその人に特有のパーソナリティの姿であり、それは健康的な感覚で捉えられている性格の領域と同じであるという見方です。それは、正しく理解、評価され、日常生活の中で難しい対応に迫られるときには、まわりから考慮される必要のあるものという見方なのです。

みなさんのようなシャイな人たちにとって、ここでいう対応とは自分という人間を変えるという意味ではありません。つまり、シャイであることは悪いことではないのです。ただシャイネスにどう向き合うかを変えるということなのです。**それは、シャイネスに対する考え方、感じ方、対応の仕方を変えるということであり、シャイネスに敵対するのではなく共に生きるという理解に基づいて戦略を練り上げていこうというものです。**シャイネスと上手につきあえる人は、シャイネスに自分をコントロールさせておくのではなく、自分でシャイネスをコントロールできるようになるということです。

本書『シャイネス・ワークブック』に書かれている内容の多くの部分は、シャイネスをより広範囲に記述した何冊かの著書に基づいています。『シャイネス・ワークブック』は、あなたのようなシャイな人たちに、シャイネスを理解し、それと上手につきあってもらえるようにするための本です。

ベルナルド・J・カルドゥッチ博士
シャイネス研究所所長

感謝の言葉

『シャイネス・ワークブック』を完成させるにあたり、多くの方々に助けていただきました。最初に感謝しなければならないのは、大勢のシャイな方々です。

彼らの一歩前へ踏み出そうとする勇気とご自身のシャイネスの物語を打ち明けてくださった勇気があったからこそ、シャイネスの性質とそれを引き起こす基本的ダイナミクスに関する研究を続けることができました。彼らからのシャイネスをどうにかしてほしいという声が『シャイネス・ワークブック』を書こうと思った主な動機なのです。

インディアナ大学サウスイースト校の同僚であるロン・アルマンは、いつも「ちょっといい？」と私が声をかけると、研究室でワークブックの話に乗ってくれました。もちろん、「ちょっと」は実際にはかなりの時間を使い、このプロジェクトの話題からずれ、話題はシャイネスから学内政治、そして世界情勢にまでおよび、まさに名ばかりのちょっとでした。研究仲間であり永年の友人であるリサ・カイザーは、何年間にもわたり、シャイな人たちの声を的確にまとめる仕事でお世話になりました。マーティ・ローゼン、ガブリエル・カー、ジャクリーヌ・ジョンソン、メラニー・ヒューズ、ボニータ・マッソン、ジョイス・オーエン、そしてナンシー・トッテンには図書館司書のような仕事でお世話になりました。ナンシー・トッテンは私が頼んだ「資料」を必ず見つけ出してきてくれて、感謝しています。「ランチ仲間」だったレスリー・ディール、ブリジット・コーリガン、キャスリーン・ノーベルにも感謝しなければなりません。皆、月に一回以上の頻度でファーストフードを頬張りながら 1 時間以上も私を和ませてくれました。

ロザンナ・カルドゥッチは、私の娘であり、もうすぐ大学教授になります。仕事へのやる気が維持できたのは、彼女とのお互いの仕事について語り合った時間や父娘関係を楽しむ時間があったおかげです。

最後になりましたが、Research Press 社のデービット・ハンブルク氏には本書の編集にあたって丁寧で洞察に満ちた助言をいただきました。またデニス・ビジエッキ氏とラッセル・ペンス氏には熱心にサポートしていただきました。ご恩は忘れません。これらの方々すべてのおかげでこのワークブックの仕事を楽しく行うことができました、ありがとうございました。

第1日

シャイネスって、何？　シャイであることは、本当はどういうこと？

知っておいてほしいこと

最初に知っておかなければならないことは、シャイネスは、治療を必要とするような病気でもなければ、取り除く必要のある性格欠陥でもなければ、人に迷惑をかけるようなパーソナリティ特性でもないということです。

また、シャイネスと内向的であることは、同じではありません。内向的な人はひとりで活動するのを好みますが、公の行事への出席など必要に迫られれば社交的になれる人のことをいいます。

シャイな人とは、心の中ではほかの人たちと一緒にいたいと願っているにもかかわらず、さまざまな理由から、人づきあいが苦手と感じている人のことです。

両者の違いをもう少しわかりやすくいうと、シャイな人たちも内向的な人たちも、パーティの席では、誰とも話さずじっと立っています。しかし、内向的な人は誰とも話さずじっと立っているほうが心地よい人たちなのです。これに対し、シャイな人がそうするのは、そうする以外に道はないと感じているからです。

この例からわかるように、シャイネスはコントロールの問題なのです。シャイな人たちの場合、シャイネスが私たちをコントロールしているのです。こうなると、シャイな人たちの昇進や進学、さらには恋愛にも支障が出てしまいます。

あなたのシャイネスを克服するためには、シャイネスにコントロールされるのではなく、「自分のシャイネスをどのようにコントロールするか」を学ぶ必要があるのです。

あなたはどうですか

シャイネス・クイズ

次の質問について、あなたに最も当てはまる回答の数字を○で囲んでください。

1．どれくらいの頻度で自分がシャイだと感じますか。

①月に１度以下　②ほぼ１日おき　③いつも、１日に何度も

2．自分のシャイの感情は、友人や同僚たちと比べるとどの程度ですか。

①　あれほどシャイではない　②同じくらいシャイ　③かなりシャイ

3．シャイだと感じたときに、心臓がドキドキしたり手の平に汗をかくといった症状が出る。

①私には当てはまらない　②ある程度当てはまる　③私と同じだ

4．自分のシャイネスが強いせいで、まわりの人たちは私の言動に否定的な反応を示していると思っている。

①そうは思わない　②ある程度そう思う　③まったくその通りだ

5．自分のシャイネスが強いせいで、人前で自己紹介や会話をするとき、社交的な場で適切な行動がとれない。

①私には当てはまらない　②ある程度当てはまる　③私と同じだ

6．関心のある人とコンタクトをとろうとすると、必ずシャイな感情や行動が強く出てしまう。

①私には当てはまらない　②ある程度当てはまる　③私と同じだ

7．目上の人とコンタクトをとろうとすると、シャイな感情や行動が強く出てしまう。

①私には当てはまらない　②ある程度当てはまる　③私と同じだ

７つの質問の回答を○で囲んだ数字を合計してください。その合計が以下の３つのどこに当てはまるかを確認し、そこに書かれている文章を読んでください。

この得点が、あなたのシャイネスの度合いです。

7–12点：あなたが感じるシャイは、自然なものです。あなたは、特にシャイということはありません。

13–18点：あなたは、人生の多くの場面でシャイネスを体験しています。今後そのような状況に遭遇したとき、このワークブックが役に立つでしょう。

19–21点：あなたは、とてもシャイな方です。このワークブックを使い、努力すれば、シャイネスを克服することができます。

寄せられた声

「目に見えない檻（おり）の中で生活しているようなものです。そこに閉じ込められているのに誰もわかってくれません。誰もそのことに気づいていないのです。パーソナリティが押し潰されていきます。

実際に鎖でつながれているわけではありませんが、身動きがとれません。ほかの選択肢はないのです。したいことをするのを思いとどまってしまいます。なぜなら、ほかの人たちは私がうまくできるとか一緒にいて楽しいとか考えないだろうと思うと怖いのです。常にスポットライトを浴びせられているように感じます。そう、いつも監視されている気分なのです」

●ノースイースト校の大学生

「私を知っている人で、私をシャイだと思っている人はほとんどいません。仮に、私がシャイだと言っても一笑に付されるだけです。それは私の行動が典型的なシャイな人のものとは違うからです。

私のシャイネスは、別の形で現れるのです。たとえば、私はひきこもることも無口になることもありません。むしろ逆に冗談を言ったり、ばかげた行動をとったり、皮肉を言ったりするようになるのです」

●30代主婦

カルドゥッチ先生から一言

「シャイな人とは、心の中ではほかの人たちと一緒にいたいと
願っているにもかかわらず、さまざまな理由から、
人づきあいが苦手と感じている人のことです」

ふりかえってみよう

シャイであるからこそ、シャイな人にしかない洞察力があります。
次の文章に対するあなたの意見を書いてみましょう。

「シャイな人とは、心の中ではほかの人たちと一緒にいたいと願っているにもかかわらず、さまざまな理由から、人づきあいが苦手と感じている人のことです」

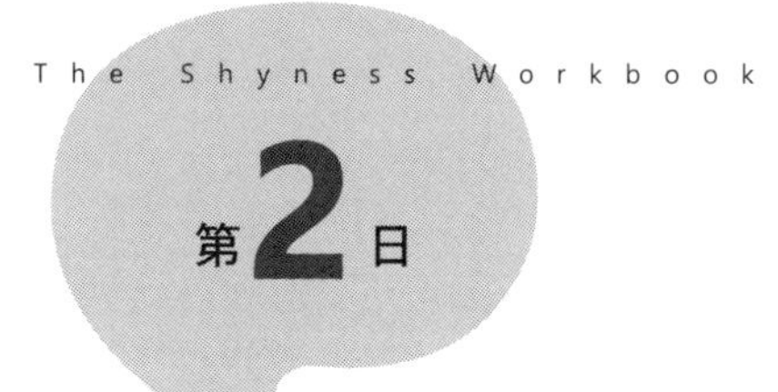

第2日

一番よくある質問。「シャイは生まれつきですか？」

知っておいてほしいこと

シャイネスに関する最も大きな誤解の１つは、「シャイは生まれつき」というものです。しかし、生まれつきシャイであるということはありません。

なぜならば、シャイは、自意識過剰、否定的な自己評価、過度の自己認識と関係しているからです。これらのシャイの重要な構成要素の基盤にあるのが、自我です。この自我に目覚めはじめるのは、生後 18 か月くらいです。

「抑制気質（inhibited temperament）」と呼ばれるものをもって生まれてくる子どもがいます。見慣れぬ状況に置かれると感情や身体が過剰反応を起こしてしまう子どものことです。一例として、ある生後６か月の子どもの場合を挙げてみましょう。この子は、ベルが鳴るといった新奇の刺激を受けると感情と身体が過剰反応を起こしていました。もう１つの例は、３歳児のものです。この子の場合は、見知らぬ人が部屋に入ってきてこの子に接触しようとすると、親にしがみつくというものでした。

このような抑制気質が子どもの頃に現れたとしても、その子が必ずシャイな大人になるというものでもありません。このような人は、その気質を考慮して社交的な場所と方法を選ぶ必要がある（たとえば、騒がしいバーに行くのではなく、詩の朗読会に行くとか）というだけのことです。

「シャイは生まれつき」という認識は、シャイネスに関する単なる**思い込み（belief）**であり、**事実（fact）**ではないのです。

あなたはどうですか

はじめに、なぜシャイな人たちは「生まれつきシャイだ」と思い込んでしまうのかを説明してみましょう。次に、あなたのシャイネスの一因になっていると思われる要因をいくつか書いてみてください。

寄せられた声

「人生経験によってシャイになることはあると思いますが、もっと思うのは『私は生まれついてシャイネスをもっていたのでは』ということです。そして、ある種の経験を重ねることで、シャイネスが強まったと考えています。つまり私は『真正シャイ人間』として生まれてきて、現在もその感覚は、自分のシャイな感情が強まったか、またはある種の人生経験を重ねる中でどう反応すればよいのかを学習した結果のどちらかだと思っています。子どもの頃のシャイな感情は、両親が過保護だったことが大きくかかわっていると思っています。子どもの頃もシャイでしたが、今ほどひどくはありませんでした」

●28 歳、グラフィック・デザイナー

「3 歳か 4 歳の頃にはもう、自分のシャイネスに対して自意識過剰でしたし、早く大人になりたいと常に考えていました。それは、大人になればそのような不快感が消えてくれると思っていたからです。歳をとればとるほど、シャイネスの問題が悪化するとは、思ってもいませんでした」

●55 歳、歯科医

カルドゥッチ先生から一言

「シャイネスに関する最も大きな誤解の 1 つは、
『シャイは生まれつき』というものです」

ふりかえってみよう

次の意見についてあなたはどう思いますか？

「シャイネスに関する最も大きな誤解の１つは、『シャイは生まれつき』というものです」

第3日

シャイネスは頭の中だけで起こるのではない。シャイな自分の身体、心、自己を全体的にとらえてみよう。

知っておいてほしいこと

シャイネスは、精神的な欠陥でもなければ、神経症や情緒障害でもありません。それは独特のパーソナリティといえるものであり、その性質上、シャイなあなたの身体、心、自己に関係するものを全体的にとらえてうまくつきあっていくものなのです。

シャイネスが強く現れると、心臓がドキドキするとか口が乾くといった身体反応として現れます。心の中の思考現象としては、ほかの人から自分が否定的に見られているような感覚となって現れます。また、自己に関する現象としては、自分自身のアイデンティティと自尊心のあいだで起きる感情の対立として現れます。

シャイネスが頭の中だけで起こるものであるならば、それを軽減するのは簡単です。別のことを考えるだけでいいのですから。ところが、シャイネスは自分の身体、心、そして自己などさまざまな要因が関係しているので、「楽しいところへ行こう」といった前向き思考や呼吸法といった一時しのぎの方法が効かないのです。

これはつまり、“シャイネス”という感情を全体的な性質をもつ複雑なものとしてとらえ、これと「うまくつきあっていくもの」と考えたほうがよいのです。

自分のシャイネスを全体的にとらえて理解できるようになれば、自分に合った作戦を立てられるようになります。このワークブックでは心と身体と自己のかかわりを戦略的に組み込んでいるので、シャイネスが現れたときの独自の対処法となってあなたを助けてくれるのです。

あなたはどうですか

あなた自身のシャイネスに関する思い込みを、いくつか教えてください。また、シャイネスに関する思い込みが、あなたの生活にどんな影響をもたらしたかを書いてください。

あなたの思い込み	あなたの生活にどのような影響を与えましたか？
1.	1.
2.	2.
3.	3.
4.	4.
5.	5.

寄せられた声

「私のシャイネスは、沈黙という形で現れます。友人にさえ私から声をかけることはめったにありません。人と話すのが怖いのです。このことを直そうと取り立てて努力はしていません。私は、自分のことを冗談で都会の修道僧と言っていますが、あながち間違いではないのです」

●41歳、保険会社の損害査定人

「まわりの人が優しく気を使ってくれているときでも、なかなか目を合わすことができません。会話の最中も心はうつろで、惨めさをかみしめながらその場に無言で立ち尽くしています。

なんらかの言葉がやっとの思いで口から出てきても、ボソッと単語を言うだけであったり、支離滅裂な言葉であったりするのです。

言葉がスラスラ出てくるときもあるにはありますが、これもうまくいきません。会話がもう先に進んでしまっているからです。ほとんどの時間を無言ですごして、家に帰ってから言いたかったのに言えなかったことすべてを大声で吐き出すのです。私のフラストレーションは最高潮に達しているので、落ち着きを取り戻すのはかなり大変です」

●55歳、主婦

カルドゥッチ先生から一言

「シャイネスが頭の中だけで起こるものであるなら、
それを軽減するのは簡単です」

ふりかえってみよう

次の意見について、あなたはどう思いますか？

「シャイネスが頭の中だけで起こるものであるなら、それを軽減するのは簡単です」

第4日

シャイな人の苦痛の根源。「接近ー回避葛藤」を理解する。

知っておいてほしいこと

シャイな人の苦痛の根源は、「接近ー回避葛藤」にあります。葛藤とは、同時に２つ以上の欲求が生じることです。そして、接近ー回避葛藤とは「ほかの人に近づきたいという欲求」をもっていると同時に、同じ強さで「その人たちに近づきたくないという欲求」ももっているということです。そのためこれを接近ー回避葛藤といいます。たとえば、あなたは人づきあいの場で新しい人たちと出会いたいとか、会社の会議でほかの人たちに自分のアイディアを提案したいと思っていても、自分自身や自分のアイディアが否定されてしまうという恐怖から、このような状況のどちらか、あるいは両方を完全に避けるという選択をしてしまうのです。

あなたがこの「接近ー回避葛藤」の罠にはまってしまうと、心の中ではほかの人と一緒にいたいと思っても、同時に、頭からは彼らに近づくなと命令されるのです。あなたは、社交的な接触を望んではいるものの、それをうまくこなす自信がないのです。また、ほかの人たちに受け入れてもらいたいし、自分のことをわかってもらいたいと思っているにもかかわらず、自分のすべてをさらけ出すことをためらってしまうのです。自分がどのような人間か判定が下されるのを恐れるあまり、あなたが思い描く最も安全な行動は、「話をしない」「何もしない」「可能な限りほかの人との接触を避ける」になってしまうのです。

残念なことに、あなたがほかの人たちと一緒にいたいと願えば願うほど、あなたのシャイネスは「ほかの人には近づかないほうがいい」とあなたの背中を押しとどめようとするのです。その結果、あなたの苦痛はますますひどくなるのです。これこそが、接近ー回避葛藤にとらわれ、逃げだせないことの正体なのです。接近ー回避葛藤の重要な構成要素は、あなたのリスク許容度にあります。

次のページの質問で、自分のリスク許容度について理解しましょう。

あなたはどうですか

あなたのリスク許容度を知ろう

以下の文章を読んで、あなたに一番当てはまると思うものの数字を○で囲んでください。尺度は、1（まったく当てはまらない）から5（完全に当てはまる）の5段階です。

1. 社交的な集まりでまったく知らない人に近づき、会話を始めることをためらうことなくできる。

まったく当てはまらない　1　2　3　4　5　完全に当てはまる

2. 関心の的になるのが楽しい。

まったく当てはまらない　1　2　3　4　5　完全に当てはまる

3. もし誰かと意見が違っていたら、相手にそのことを言う。

まったく当てはまらない　1　2　3　4　5　完全に当てはまる

4. ダンスフロアに最初に飛び出していくことをためらわない。

まったく当てはまらない　1　2　3　4　5　完全に当てはまる

5. 人前で自分の言動が否定されるかどうかを、あまり気にしない。

まったく当てはまらない　1　2　3　4　5　完全に当てはまる

6. 誰かに興味をもつと、相手にそのことを言う。

まったく当てはまらない　1　2　3　4　5　完全に当てはまる

7. 社交的な集まりに1人で参加するのは、まったく苦にならない。

まったく当てはまらない　1　2　3　4　5　完全に当てはまる

8. 社交的な集まりで知らない人に会うのは、楽しみである。

まったく当てはまらない　1　2　3　4　5　完全に当てはまる

9. 自分が失敗してしまうことを、あまり気にしていない。なぜならば、ほとんどの人は私の失敗を忘れてしまうから。

まったく当てはまらない　1　2　3　4　5　完全に当てはまる

10. ほかの人と関わり合った後、そのときの感情をあまり引きずらない。

まったくあてはまらない　1　2　3　4　5　完全に当てはまる

この得点が高ければ高いほど（25-50点）、あなたはほかの人といることのリスクを引き受ける人です。もし得点が低く10-24点の得点内であれば、あなたは新しい出会いを避けています。他者といることは、「何が起こるかわからないので危険すぎる」とあなたが信じているからです。リスク許容度で重要なことは、あなた自身の挑戦プランをつくり、十分考慮した上で、あえて他者と一緒にいることのリスクを冒すことなのです。

「私は誰とも口をきかないで、社交的な集まりから帰ってしまいます。結果がどうなってもたいした問題ではありません。そのせいで、たとえ真夜中に家まで歩いて帰らなければならなくなったとしてもいいのです。社交的な場所や状況は、ほぼすべて避けています。人前では、口ごもり、とても静かになります。緊張を強いられるような状況であれば、きっと手に汗をかき、吐き気を催してしまうはずです」

●30 歳、スクールバスの運転手

「以前の私は、ほかの人たちはこのような関係から何を得ていて、なんで私にも同じことをさせようとするのかと疑問に思っていました。そう考えていたので、ほかの人たちに——個人的にも、社会的にも、職業的にも——近づくことができませんでした。

いまでは、ほかの人たちに近づくこともできれば、その人たちに仲間に入れてもらうことも頼めます。以前より社交的になりましたし、社交的な場に行くことに二の足を踏むこともなくなりました。深く息を吸い、心を落ち着かせるだけで、人が大勢いる部屋に入っていけます」

●45 歳、数学教師

カルドゥッチ先生から一言

「心の中ではほかの人と一緒にいたいと思っても、同時に、
頭からは彼らに近づくなと命令されるのです」

ふりかえってみよう

次の文章を読んでください。あなたは以下のように感じたことがありますか。以下のように感じたことがあったとき、どう対処しましたか。

「心の中ではほかの人と一緒にいたいと思っても、同時に、頭からは彼らに近づくなと命令されるのです」

第5日

シャイな人はその場に慣れるための時間が必要。

知っておいてほしいこと

シャイネスを引き起こす原動力であり、シャイネスの発症を理解する上でカギとなる要因が、「慣れるのに時間がかかる」傾向です。誰でも新しい状況に慣れ、順応するには時間がかかります。特に、シャイな人の場合、そうでない人に比べてそれに要する時間が長いのです。そして、接近－回避葛藤と戦っているときはなおさらです。

「慣れるのに時間がかかる」というのは、欠陥ではありません。それは、人間性を構成する1つの要素にすぎません。この問題の本質は、あなたが、「時間がかかるのは悪いことで社会性を欠いたことだ」と感じることであり、実際に時間がかかってしまうということではないのです。問題はあなたを含むシャイな人たちが、シャイな感情からもたらされるこの傾向を無視して、慣れるのにかかる時間を縮めようとすることにあるのです。

しかし、シャイな人たちは、慣れるのに時間がかかる傾向を克服するという、できるはずのない非現実的な期待を抱いてしまうのです。たとえば、あなたは、パーティ会場に入るとすぐに、あるいは少しの時間で社交性の「スイッチが入る」自分を想像していませんか。そしてスイッチが入らなかったとき、自分は誰よりも社交下手だと思い込み、本来あなたが慣れるのに必要な時間を待つことなくそそくさと社交的な状況から立ち去っているのです。

慣れるのにかかる時間を縮めようと急ぐことで、不安、自己不信、あるいは社会的な不適合者（impending social disaster）になったような否定的感覚にとらわれてしまい、あなたは貴重な瞬間を無駄にしてしまいます。このようなことが起こっている間は、ほかの人に**「近づく」**方法ではなく**「避け」**ようと判断しているのです。したがって、あなたにとって重要なことは、慣れるのに時間がかかるという傾向をちゃんと理解し、意識できるようになることです。

そうすれば、「慣れるのに時間がかかる」傾向をあなたを**「邪魔をするもの」**としてではなく、あなたの**「ためになるもの」**として利用できます。この傾向をよく理解すれば、自分のシャイネスをコントロールできるようになるための重要な第一歩として見られるはずです。

あなたはどうですか

過去にあった、慣れるまでの時間を十分もてなかった経験を2つか3つ書いてみてください。また、その失敗談も一緒にお話しください。

1.

2.

3.

寄せられた声

「私は、人と会うときにはどうしたら自分をまともな男として見てもらえるか、そして本当は面白い男なのだとわかってもらえるかを毎回思い悩んでいます。ただ、相手の人と仲良くなるまでは、そうできないのです。その結果、よく考えもしないで、心に浮かんだことをそのまま言ってしまったり、まったくばかげたことを言ってしまったりしてしまうのです」

●35 歳、顧客サービス担当セールスマン

「私は、ほかの人たちから、うぬぼれ屋で、キザで、冷淡な人間だとみられ誤解されています。本当は、全然違うのですよ。ほかの人と一対一で話せるときには、みんな私が繊細で、思いやりがあり、正直で、一緒にいて楽しい人間だとわかってもらえます。なぜ自分に自信がもてないのかよくわかりません」

●20 代、コンピュータ・プログラマー

カルドゥッチ先生から一言

「『慣れるのに時間がかかる』というのは、欠陥ではありません。
それは、人間性を構成する 1 つの要素にすぎません」

ふりかえってみよう

あなたは以下の意見に賛成ですか、それとも反対ですか？

反対の方は、自分のシャイネスが、自分が慣れるのに時間がかかる傾向を客観的にとらえようとしていることを抑制し、邪魔している理由を考えてみましょう。

「『慣れるのに時間がかかる』というのは、欠陥ではありません。それは、人間性を構成する1つの要素にすぎません」

第6日

あなたの心安らぐ場所を理解しよう。お決まりの行動の役割。

知っておいてほしいこと

シャイな人にとって心安らぐ場所とは、日常生活のさまざまなプレッシャーから逃れ、安心感や安堵感が必要になったときに行くところです。あなたの心安らぐ場所を3つあげてみました。

▶**身体的に心安らぐ場所**：自宅、あるいはアパートの部屋など、落ち着きが得られるので、自然と引き寄せられるところです。
▶**社会的に心安らぐ場所**：家族や親しい友人など、よく知っている人たちが自分を取り囲んでくれるところです。
▶**個人的に心安らぐ場所**：料理をするとかお気に入りの趣味の話をするなど、自信があることをするところです。

このような心安らぐ場所は、あなたが自由に考え、行動するために安心できる場所として役に立つものです。このような場所では何の不安もなく考え、行動できると感じるからです。つまりあなたがシャイにならずに、自分自身でいられるところなのです。

しかし、シャイネスにはこれと反対の効果があります。つまり、心安らぐ場所をよどませ、制限し、硬直化させ、最悪の場合、縮小させたりするのです。そのせいであなたは、いつもと違う場所へ行くことも、新しい行動を試みることも、初めての人たちと出会うこともできなくなってしまうのです。

シャイな人には、心安らぐ場所が、不安を感じたり精神的に追い詰められたりしたときに逃げ込む隠れ家になるのです。そう考えると、ある意味、あなたのシャイネス自体が心安らぐ場所ということになります。なぜならば、あなたにお決まりの行動を強い、新たな状況を経験するリスクや、心安らぐ場所をひろげることにともなうリスクを避けさせているのですから。心安らぐ場所のことがもっとわかってくると、シャイネスをコントロールする戦略を実行するときに役に立つはずです。

あなたはどうですか

あなたの身体的に心安らぐ場所、社会的に心安らぐ場所、個人的に心安らぐ場所について書いてみましょう。また、あなたのシャイネスを助長し、心安らぐ場所をひろげることを妨げる、あなたが身につけてしまっている社交の場でのお決まりの行動はなんですか？

・身体的に心安らぐ場所

・社会的に心安らぐ場所

・個人的に心安らぐ場所

・お決まりの行動

寄せられた声

「一対一だと大丈夫ですし、相手が顔見知りだとなおさら平気です。

大勢になると、まったくだめなんです。居心地のよさなんか、まったく感じません。集団が大きくなればなるほど、私はシャイになるのです」

●大学２年生

「年齢を重ね、経験を積むとともに、シャイネスが少なくなっていることに気がつきました。友だちと、特にインターネット上での友だちとだと、私はすこぶる社交的ですし、気分よくいられます。ところが、初めての人と会うときやよく知らない偉そうな人たちの前で話やプレゼンをしなければならないときには、今も極度のシャイです」

●30歳、看護助手

「お芝居に出ているときを除くと、私には人づきあいというものがほとんどありません。私はすぐに友情を築くことができないのです。その理由は、私が電話をかけたら、友だちになれそうなその人たちがどう思うかが怖くてかけられないからです。ですから、かかって来た電話に出ることはできますが、自分からかけることはできません。これが私の悩みの種なのですが、今まで何の対策もとっていません」

●28歳、女優

カルドゥッチ先生から一言

「シャイな人には、心安らぐ場所が、不安を感じたり
精神的に追い詰められたりしたときに逃げ込む隠れ家になるのです」

ふりかえってみよう

あなたは以下の意見に賛成ですか、それとも反対ですか？
どうしてそう思うのか、その理由も書いてみましょう。

「シャイな人には、心安らぐ場所が、不安を感じたり精神的に追い詰められたりしたときに逃げ込む隠れ家になるのです」

第7日

シャイネスと自尊心。それはあなたが考えているものとは違う。

知っておいてほしいこと

自己概念とは、「あなたが自分自身をどう感じているか」ということです。この自己概念を評価する構成要素のひとつに、自尊心があります。全体的な自尊心とは、「あなたが自分自身を全体としてどう感じているか」をいい、自尊心の特定領域とは「自分の特定の領域をどう感じているか」を指します。

あなたが自分のシャイネスと自尊心とのあいだにつくりあげた関係が、問題を引き起こすことがあります。問題が起こるのは、あなたにとって重要であるにもかかわらず、自信がもてずにうまくできないと感じている特定の領域で、自分を否定的にとらえてしまう場合です。

たとえば、あるシャイな彼女は、ほかの専門家たちと新しい製品ラインについて話し合う会議では自信を感じるかもしれません。それは自信のある領域（彼女にとって自尊心が高い領域）に議論が集中するからです。

ところが、この彼女はパーティで見知らぬ人と会話をすることには不安を感じているかもしれません（彼女にとって自尊心が低い領域）。自分にとって不安を感じた領域で、雑談能力が足りないと自分自身を認識してしまうと、初めての人に会ったり、新しい行動に挑戦したりすることができなくなってしまうのです。すると、「自分はコミュニケーション能力が足りない」と彼女が認識することで、ますます問題が悪化していきます。それは、ここがまさに彼女の個人生活において苦手な領域だからなのです。

あなたはどうですか

自分の強みと弱みと思うことを、話してください。
また、あなたの強みと弱みは、シャイネスとどう関係していると思いますか？

寄せられた声

「私のシャイネスは、感じたことをそのまま口にできないという形で現れます。それは否定されるのが怖いからです。私は電話をかけ直すことも手紙に返事を出すこともしません。なんて言っていいかわからないし、何か言ったとしても話が続かないからです。このままずっと人に誘ってもらうのを待っているばかりだと、いつか誘われなくなるのではと感じています。私はとても嫉妬深くなっています。それは、私がほかの人のようになれないことに納得がいかないからです。自分は社交的な状況では、まったくの役立たずだと感じてもいます。だって、『面白い』冗談のひとつも話せないのですから」

●19 歳、ウェイトレス

「もし、シャイネスが私にとって変えなければならないほど重要なものになってきたら、私はシャイネスを変えられると確信しています。なにもシャイネスを変えたくないと言っているわけではありません。全体的に見れば、シャイネスがよい方向に向かっているのを、私は喜んでいます」

●27 歳、大学院生

「自分のシャイネスを克服するためにしていることは、自尊心の低さをなんとかしようということです。ありのままの自分を受け入れられるように心がけています。歳をとるにつれて、ほかの人たちも私のことをわかってくれてもいいのでは、と思うようになりました。もし私のシャイネスのせいでまわりの人が困ったとしても、それは彼らの問題なのですから」

●32 歳、抵当証券ブローカー

カルドゥッチ先生から一言

「雑談能力が足りないと自分自身を認識してしまうと、初めての人に会ったり、新しい行動に挑戦したりすることができなくなってしまうのです」

ふりかえってみよう

以下の意見は、あなたに当てはまりますか。あなたはこの前提に賛成ですか。
その理由を書いてみましょう。

「雑談能力が足りないと自分自身を認識してしまうと、初めての人に会ったり、新しい行動に挑戦したりすることができなくなってしまうのです」

第8日

何が自分をシャイにしているのか？自分のシャイネスを見極めよう。

知っておいてほしいこと

何がシャイネスか、何がシャイネスではないかを知ることで、あなたのシャイネスがどのように現れるかを、より深く理解できるようになります。

すると、あなたは今までに説明してきた、シャイネスを引き起こす 3 つの重要な原動力がよくわかってくるはずです。

- **接近―回避葛藤**
- **慣れるのに時間がかかる傾向**
- **心安らぐ場所**

この 3 つのシャイネスの根源を意識しながら、実際の状況での自尊心の役割を考えることによって、何が自分にシャイの感覚をもたらすのかを考えてみましょう。すると、自分のシャイネスに対する理解が一層深まるのです。

あなたは「いつ、どこでシャイを感じるのか」「シャイは自分にどのような感覚をもたらすのか」「シャイネスに対してどんなことを試しているのか」。これらをよく考えれば、何が自分にシャイの感覚をもたらしているかを見極めることができます。

自分のシャイネスをきちんと見極めるために、次ページのパーソナル・シャイネス質問票をやってみましょう。

あなたはどうですか

パーソナル・シャイネス質問票

以下の質問に、できるだけ詳しくお答えください。

1. あなたのシャイネスの原因だと思われる要因をお答えください。

2. あなたのシャイネスは、どのような形（思考、行動、身体的症状など）で現れますか。

3. 生活の中でシャイネスが引き起こす問題は何ですか。

4. シャイネスを克服するために、あなたが行っていることは何ですか。

5. あなたのシャイネスに関することでもっと知りたいことは何ですか。

寄せられた声

「私のシャイネスは、毎日顔を出します。集会や人前で話すのが怖いのです。ですから、誰の前でも『いい人になろう』と心がけています。そうすれば、彼らはきっと私のことをいい人だと思ってくれるでしょうから」

●45歳、セールスマン

「私はすぐに落ち着きがなくなります。買い物に行かなくてはならないときは、できるだけ素早く済ませるようにしています。売り場では、誰とも目を合わせませんし、誰もいないような早い時間に済ませます。ほかの人たちと列に並ばなければならないものなら、待っている間中パニック状態同然です。そして、ひたすら焦り、その場を離れるのです」

●30歳くらいの多少出不精のママ

カルドゥッチ先生から一言

「何が自分にシャイの感覚をもたらすのかを考えてみましょう。
すると、自分のシャイネスに対する理解が一層深まるのです」

ふりかえってみよう

次の意見を読み、自分のシャイネスに対する自己診断結果を書いてみましょう。

「何が自分にシャイの感覚をもたらすのかを考えてみましょう。すると、自分のシャイネスに対する理解が一層深まるのです」

第9日

シャイネスをコントロールし、シャイと上手につきあえる人になろう。

知っておいてほしいこと

シャイと上手につきあえる人になるということは、自分自身を変えるということではありません。なんといっても、シャイであることはちっとも悪いことではないのですから。シャイと上手につきあうということは、実際には以下のことが関係してきます。

▶自分自身のシャイネスの性質と基本的な原動力を知り、理解しましょう。そして、そこで得られた洞察を、日常生活の中で生かしましょう。

▶獲得した知識を使って、シャイネスにコントロールされている状態から、あなたがシャイネスをコントロールできるようにしましょう。

▶心安らぐ場所をひろげましょう。すると、シャイネスに今まで邪魔されて達成できないでいた目標を、達成できるようになります。

あなたはどうですか

あなたがシャイと上手につきあえる人になったら、達成してみたい目標をいくつかリストアップしてください。

1.

2.

3.

4.

5.

寄せられた声

「私は、シャイネスに人生を台無しにされたくはありません。大きな目で見れば、私は成功者の部類に入ると思っていますが、でもそれは戦いの連続だったと思っています。私の目標は、シャイネスと戦うことではなく、それを受け入れ、人生をできるだけ素晴らしいものとするために、それを使いこなすことです。53歳の私にとってそれは難しいことではありません。

13歳か23歳だったら、それは不可能だったでしょう。もし、当時それができていたら、人生はもっと充実したものとなっていたはずです」

●ミッドウエストにあるジムのマネージャー

「25年のブランクを経て、私はもう一度大学に通うことにしました。

私がとった最初の授業は、スピーチの授業でした。言うまでもないことですが、恐怖でいっぱいでした――授業はもちろんですが、学業と家庭と職場での生活が両立できないのではないかという恐怖もありました。そんなとき、教授が『明確に目標を定めれば、不可能な目標などない』とおっしゃってくださいました。私は、教授のこの励ましの言葉への感謝の気持ちを一生忘れません。教育が無理だと思っていた世界への扉を開けてくれたんです」

●55歳、ソーシャルワーカー

カルドゥッチ先生から一言

「シャイと上手につきあえる人になるということは、
シャイネスにコントロールされている状態から、
あなたがシャイネスをコントロールできるようになるということです」

ふりかえってみよう

シャイと上手につきあえる人になるために、これまでの経験で何を考え、何をしてきたか教えてください。下の文章を出発点として使ってください。

「シャイと上手につきあえる人になるということは、シャイネスにコントロールされている状態から、あなたがシャイネスをコントロールできるようになるということです」

第10日

シャイと上手につきあうための成功のカギ。それは、正しい選択をすること。

知っておいてほしいこと

シャイと上手につきあえる人になるには、日常生活で自分のシャイネスをコントロールしていることを実感できるようにすることです。

急に自分を変えるのでなく、少しずつ正しい選択をしていきましょう。よりよい選択をするために、シャイと上手につきあえる人になるための「4つのI（アイ）」と、それぞれの役割を知っておきましょう。

4つのI

▶ Identification：識別

自分のシャイネスに関連する問題を自覚することです。たとえば、「自分は社交的な場で興味をひかれた人たちに近づき、話しかけられるようになりたい」など、問題について具体的であればあるほど、自分の問題を識別できるようになります。

▶ Information：情報

シャイと上手につきあえる人になるという問題に取り組む戦略を立てるために、必要な知識を獲得することです。これは、この本を読むことで今、実行中です。

▶ Incorporation：一体化

情報と戦略を結びつけることです。情報と戦略を結びつけると、自分をより正確に認識できるようになるとともに、「自分に何ができるか」がわかります。

▶ Implementation：実行

自分のシャイネスをコントロールするために、獲得した情報と戦略を使うことです。

この４つの意思決定アプローチ法を、あなたの生活を変えるために使ってみてください。これ

らはシャイネスをコントロールする方法として、かなり期待できるものです。このアプローチ法は、あなたが達成したいと望んでいる目標をきちんと選択してくれますし、その目標を達成するための戦略を練りあげてくれます。

あなたはどうですか

自分のシャイネスに関連する問題を1つあげ、「4つのＩ」を取り入れた意思決定プロセスを用いて分析してください。自分のシャイネスに関連するほかの問題についても、いくつか考え、繰り返し分析してみましょう。

寄せられた声

「おかしな話ですけど、何が問題かはわかっているのです。だから、それをただすればいいのです。私がそれをするのを助けられる人がいるとは思っていません。今はまだ、人と話すのはひと苦労です。たまに話せても、ものすごく早口です。それでは意味がないので、なるべくゆっくり話そうと心がけてはいます。

私は一生懸命話そうと努力していますし、早口ですが雑談もしようと頑張っています。リラックスすることが大切だと思っています」

●27 歳、パン職人

「私は、シャイネスを弱めたり克服したりするために、新しい方法をいくつか試しているところです。たとえば、緊張を和らげるための筋肉弛緩法であったり、スロー呼吸法であったり、否定的な感覚や感情に結びつきそうな状況を肯定的にとらえるなどといったものです。このほかにも、公の場所（たとえば、お店のレジなど）で知らない人になるべく声をかけるようにしていますし、銀行でも ATM を使わずに窓口を利用するようにしています」

●30 歳、宝石デザイナー

カルドゥッチ先生から一言

「よりよい選択をするためには、識別、情報、一体化、実行の『4 つの I』を知っておく必要があります」

ふりかえってみよう

「4つのI（識別、情報、一体化、実行）」をもう一度復習してください。そしてあなたがシャイと上手につきあえるようになるために、「4つのI」がどのような役割を果たすかを考えてみましょう。

▶ Identification：識別

▶ Information：情報

▶ Incorporation：一体化

▶ Implementation：実行

第11日

最も重要な要素。心のシャイネスを明らかにしよう。

知っておいてほしいこと

自分はシャイだから、「自分の思考はほかの人たちとは違う」と思い込んでいるかもしれません。しかし、このような思考が、ほとんどのシャイな人たちに共通してみられるものなのです。

心のシャイネスとは、シャイな人たちに共通してみられる特徴的な思考パターンをいいます。この思考パターンの原因は、シャイネスに関する根拠のない説や間違った情報にあります。その結果、シャイな心は社交的な状況をある意味、自分の利益を邪魔するものととらえ、反応してしまうのです。

その一方で、シャイな心には、このパターンから抜け出すだけのパワーもあるのです。シャイな人たちは、自身の本当の姿に気がつき、シャイネスをコントロールすることができます。そのためには、シャイな心の思考パターンを理解し、「社交的な場にいるあいだはそのパターンを変える」と決心するだけでいいのです。

ただし、肯定的思考に単純に変えればいいというものではありません。シャイな心を変えるには、ほかにいろいろとやらなければならないことがあります。

あなたがまずしなければならないことは、シャイな人に特徴的な思考パターンから抜け出すために、現在固定化してしまっている思考パターンを扱えるサイズにまで分解し、シャイになってしまう思考の連鎖を認識することなのです。

あなたはどうですか

あなたの思考パターンを注意深く、考えてみてください。すると、自分の思考パターンがどのようなものであるかを正しく認識できますし、なぜそのように考えてしまうのかを理解することができます。

シャイネスに対する考えや確信が、具体的な社交の場であなたの行動にどう影響しているかを書いてみましょう。

寄せられた声

「私が彼らに対してそうであるように、初めて会う人たちは、私に対して神経質になっているのだと思うようにしたのです。だから、初めて会う人たちを恐れる必要は何もないのです。だって、みんな同じ舟に乗っているようなものなのですから。相手をこういう人だと勝手に決めつける前に、おたがいをよく知る必要があるのです。そう考えたのは4年前のことです。

今は、ほとんど問題が起こることはなくなりました。いまだに初めての人に近づこうとはしないし、昔からの知り合いのようには話せませんがね。でもでも、私は彼らと話せているのです！」

●40歳、女性仕立屋

「私にも外向的で人なつっこいときがあります。でも誰かに見られているとか、私をこんな人だと思っていると感じた瞬間（そんな人が実際にいるかどうかは別として）、極端な自意識過剰に陥ってしまうのです。

誰かに見られていると思っただけで、食事も喉を通らなくなってしまいます。また、人前を通り過ぎるときその人たちが私のことを見ていると（レストランの前を通り過ぎるときなんかですけど、中の人が自分を見ていると思っちゃうので）、きっと自分が変な歩き方をしているからだと思ってしまいます。このような考えは、まったくばかげていて自己愛的だということは自分でもわかっているのです。ただ、このような行動をやめられないこともわかっているのです」

●25歳、データ・アナリスト

カルドゥッチ先生から一言

「シャイな人たちは、自身の本当の姿に気がつき、
シャイネスをコントロールすることができます」

ふりかえってみよう

次の意見にあなたは賛成ですか、反対ですか。その理由も教えてください。

「シャイな人たちは、自身の本当の姿に気がつき、シャイネスをコントロールすることができます」

第12日

不安の役割を理解する。「不安」は間違って理解されやすい感情。

知っておいてほしいこと

不安は、シャイネスと最も関連の深い感情（emotion）です。人は、脅威だと感じる社交的状況におかれると、さまざまな身体的反応が生じます。緊張して胸がドキドキする、手に汗をかく、筋肉が硬直する、口が乾く、ことばが震えるなどは、すべて不安の代表的自覚症状として報告されているものです。実際に「不安」は、ある状況での過去の経験、なんらかの現実の危険、あるいは想像された危険に基づいて「脅威である」と判断することで生じます。

シャイではない人たちの場合、ひとたび脅威を察知すると、その脅威に自ら備えようとしますし、実際備えることができるのです。したがって、シャイではない人たちの見方では、不安によって脅威への対処能力が高められるのです。

一方、不安の感情は、シャイな心をもつ人たちには、別の形で作用します。シャイな人たちの場合、不安の感情そのものが、脅威と感じる社交的状況への対処能力を奪ってしまうのです。その理由は、シャイな心をもった人たちは、不安の感情に気を取られるあまり、脅威の状況に対処できる戦略を立て、実施することに目が向かなくなってしまうのです。その結果、シャイな人たちは不安な状況になると、上手にふるまうことができなくなるのです。

さらに悪いことに、いったんシャイな人たちが「効果的な戦略を立て、実行することができていない」ということに気づいてしまうと、さらなる不安が彼らを襲い、ますます萎縮し、より不安になるという悪循環が始まってしまうのです。

あなたはどうですか

自分のシャイネスに関連する、あなたを不安にさせた状況を思い浮かべてください。思い浮かんだ状況の中から3つを選び、その不安によってあなたの状況対処能力がどのように奪われたかを考えてみましょう。

1.

2.

3.

寄せられた声

「私は人を可能な限り避けています。避けられないときは、落ち着かなくなります。具体的に言うと、おびえてその場から逃げ出したい気分というか、あたかもまわりの人が私のすべてを見抜いているかのように感じ、上から下まで調べられている気分になるのです。それに、もし私が話しかけたとしても、まわりの人が私を好きになるはずがないのに、なんで試さなければならないのと思うのです。大勢の人の前で、汗をかき、心臓をバクバクさせ、顔を真っ赤にしながら話すなんて、怖くてできるはずがないと感じているのです。

私は怖がっているだけなのです、それがばかげていることはわかっています。それでも、自分の感じる恐怖をコントロールできないのです」

●50歳、養護施設看護師

「他人と話すのは、たとえそれがただの雑談であったとしても、本当に精神的にきついのです。誰かと話した後は、冷や汗でびっしょり濡れながら、相手の気に障ることをしゃべっていないか、しゃべったことすべてを心の中でチェックしはじめている自分に気づきます。そして、まずいことを言っていたと思ったら、急に気分が落ち込んでしまうのです」

●32歳、人事課長

カルドゥッチ先生から一言

「シャイな人たちの場合、不安の感情そのものが、
脅威と感じる社交的状況への彼らの対処能力を奪ってしまうのです」

ふりかえってみよう

あなたは以下の意見が正しいと思いますか？　また、シャイではない人の心の場合、不安はどのような作用をするのか、考えてみましょう。

「シャイな人たちの場合、不安の感情そのものが、脅威と感じる社交的状況への彼らの対処能力を奪ってしまうのです」

第13日

自分の不安をコントロールするための戦略。不安の長所を知ろう。

知っておいてほしいこと

不安は決して有害なものではありませんし、ある程度の不安はもっていたほうがいいのです。これが意味するのは、不安を感じているときは、あなたが心安らぐ場所をひろげようとしているときであり、新たな人生訓を学んでいるときなのです。緊張のない人生には、個人的成長もありません。

重要なことは、自分の不安の強さをコントロールし、それを生かす方法を知ることです。それにはまず、自分の不安をとらえ直す必要があります。たとえば、「自分は不安でいっぱいだ」と考えるのではなく、「自分は高い興奮状態のまっただ中にいる」ととらえ直すのです。あなたのもつ感覚は、ごく自然なのです。初めての人に会ったり、いつもと違う場所を訪ねたりと、心安らぐ場所を増やすために新たな危険を冒しているときには、誰でも自然に不安を感じるものなのです。

次のことは覚えておいてください。それは、自分の不安水準に現実的でなければならないということです。たとえば、あなたは、不安に押しつぶされそうでコントロールできないと本当に感じているのですか、それともそこまでにはいたっていないと感じているのでしょうか。パニック発作を起こすほどでなければ、不安は許容範囲内であり、コントロール可能です。

慣れるのに時間がかかる傾向があることを思い出し、待つのです。たとえば、到着直後にあなたは神経質になっているので、社交的な状況を諦めてすぐにその場から逃げ帰るようなことはやめましょう。そのような感覚はごく普通のものなのです。さらに言えば、不安の原因を見極めることで不安から学び、不安に気をとられるのではなく、眼の前の課題に目を向けることを思い出すのです。

最後に、不安のコントロールに関して全般的に言えることは、根気強さが必要だということです。新しい行動を学び、それを繰り返すことで、あなたが獲得した新しい行動があなたの第二の性質になったと気づくでしょう。その結果、あなたは時間とともに、不安をだんだんと感じなくなっていくのです。諦めないでください。

シャイと上手につきあえるようになるためには、少し落ち着かないかもしれせんが、なんとか我慢できる状況を知っておく必要があるのです。我慢できる状況をつくるためには、一歩一歩、少しずつ進むことが重要ですし、不安を自分の成長の糧（かて）ととらえることが重要です。

あなたはどうですか

あなたを不安にさせる状況を、3つあげてください。次に、それぞれの状況で不安をコントロールするためにあなたがとっている戦略を書いてみましょう。

	状況	戦略
1.		
2.		
3.		

寄せられた声

「もっと社交的な人間になりたいと感じるときもありますが、シャイでよかったなと感じることが、ときどきあります。ほとんどの仕事仲間は自分の生活の一部始終をしゃべってしまいますが、そのせいで、彼らはまわりから勝手に判断されたり、うわさされたりしていると私は思うのです」

●31歳、医師のアシスタント

「社交的な場で、ときどき私は固まってしまうことがあります。ビクビクしやすいのです。ところがまわりの人たちは、私が神経質になっているのを何かに集中していると勘違いしているように思えるときがあるのです。多分それは、私ができるだけそう見せようとしているからです。

さらに、私はすごく痩せているので（新陳代謝が異常にいいのです）、まわりの人たちからは超人と呼ばれていますが、実際は不安を隠しているだけなのです。それから社交的な場では母の真似をするようにもしています。――彼女はとっても明るくてユーモアがあるのです」

●22歳、スーパーマーケット店員

「大切なことは、感じないようにするプロセスだと思います。恐れをうまく処理して、過去の成功体験を思い出すことで、恐怖や不安は消えていきます」

●35歳、郵便配達員

カルドゥッチ先生から一言

「重要なのは、自分の不安の強さをコントロールし、
それを生かす方法を知ることです」

ふりかえってみよう

以下の文章を読んで、自分の不安のプロセスがどのように機能するか、自分の言葉で説明してみましょう。

「重要なのは、自分の不安の強さをコントロールし、それを生かす方法を知ることです」

第14日

過度に自分を意識することにかかわる2つの問題。自己陶酔と選択的注意。

知っておいてほしいこと

シャイな人はナルシストだと言ったら、信じてもらえないかもしれません。みなさんは、ナルシストは関心をひきたい人のことだと思っていませんか。

本当のところは、シャイな人たちもナルシストなのです。つまり、シャイな人たちの心は、自分の中に自己陶酔的な意識を完璧につくりあげてしまうのです。そして、シャイな人たちは自己意識が高いので、ナルシストの人たちと同じように、自分自身を関心の的ととらえてしまうのです。このため、社交的な場にいる間中、シャイな人たちは、「まわりの人たちが自分の一挙手一投足に注目し、一言一句を評価している」と感じているのです。

もちろんそんなことはありません。なぜなら、たいていの人が関心をもっているのは、他人のふるまいではなく、自分自身の社会的行為なのです。つまり、ナルシスト――自分に陶酔している人――の行動パターンは、シャイな人――自分に選択的注意が向いている人――に、とてもよく似ているのです。

シャイな人は、選択的注意をしやすいのです。選択的注意とは「うまくいっていることよりも、うまくいっていないと感じたことに注意してしまう思考回路」のことを指します。たとえば、シャイな人たちは会話の中でうまく話したことはすべて無視し、同じ会話の中で自分が犯したたった１つのミスに選択的に注目してしまう傾向があるのです。この理由は、自分の間違いはたまにしか犯さないので、シャイな人は適切な言動は当然のことと受け止め、適切な言動には関心が薄れ、そこには注意しないからです。

しかし、間違った言動をしてしまうと、そこに選択的に注目し、関心が向いてしまうのです。そして、自意識過剰になって、自分を批判的に評価する傾向がでてきてしまうのです。

あなたはどうですか

選択的注意が原因で、自己陶酔的な思考がシャイネスによって増幅されてしまった状況を書いてみましょう。

「なんて、うらめしい！　私ったら、いつも自己中心的でもうイヤになっちゃう！『まわりからどう見られているの？』このことが頭から離れないのです。特に、起きているあいだほとんどずっとです。見た目は愛嬌があって（よく言われます）、元気です。それに仕事も順調です。なんでこんなに恥ずかしがり屋なのかしら、イヤになっちゃう！」

●32歳、女性セールスマン

「シャイなので、初めての場所で知らない人たちと会わなければならないということがわかった瞬間から、落ち着かなくなりますよ。

何を着て行ったらいいかで悩みます。この服は着飾りすぎじゃないかとか、軽装すぎないかとか、あるいは安っぽすぎないかとかで悩みますよ。さらに、知的な会話ができるかしらとも考えますね。一番悩むのは、その人たちに嫌われないかということですよ。落ち着かない度合は、その人たちをどの程度重要だと感じるかに比例しますね」

●46歳、花屋

カルドゥッチ先生から一言

「たいていの人が関心をもっているのは、他人のふるまいではなく、
自分自身の社会的行為なのです」

ふりかえってみよう

以下の文章は、ほとんどすべての場合に当てはまるということに気づきますか。

「たいていの人が関心をもっているのは、他人のふるまいではなく、自分自身の社会的行為なのです」

第15日

過度な自己意識をコントロールして、現実的な自己評価をしよう。

知っておいてほしいこと

シャイな人でも、そうでない人でも、直接誰かと会って話をしたり、連絡をとるときにはある程度の自己意識が出てくるものです。自己意識とは「自分自身に向けられる意識のこと」であり、社交的な場であなたをほかの人に結びつけ続けてくれているのが自己意識なのです。

シャイな人の自己意識で問題となることは、シャイな人のパーソナリティや個性が自然な形で現れてくるのを邪魔することなのです。だから、シャイな人は自己意識をコントロールする必要があるのです。自己意識をどのようにコントロールするのかがわかれば、シャイと上手につきあえる人になるための道が開けてきます。

シャイネスによって増幅させられているあなたの自己意識をコントロールするために、次の2つのことが役に立ちます。1つは、自分への評価が批判的になってしまう性質をもう一度見直すことです。もう1つは、自分をもっと自然に表現する努力をすることです。この2つのことができるようになるために必要ないくつかのステップを以下でご紹介します。(次のことに注意してください：調整中は心を穏やかに保ってください。このとき、はじめに自分自身に意識が向かいますが、この自己意識は慣れるための時間として必要なものだということを覚えておいてください。)

Step1　あなたが現在とっている典型的な反応や行動を再度確認しましょう。そして、自己意識にとらわれる以外に自分でできそうなほかの行動を思い返してください。たとえば、簡単なあいさつをする、相手をほめる、相手の話に耳を傾けるなどです。

Step2　Step 1で、ほかにとれそうな反応行動があることに気がついたら、あなたは自己意識は自然に出てくる反応行動の最初の1つなのだと考えられるようになったはずです。ほかの人もそうなのです。そのことを忘れないでいられれば、あなたは心穏やかにいられるはずです。

Step3　最初に自己意識が出てしまったら、次の反応、つまり会話を意識的に継続させるのに役立つ言葉を考えましょう――たとえば、「今日の主催者をご存知ですか」あるいは「すてきなネクタイですね」。

Step4 抑揚や大げさな表現の役割を理解してください。たとえば、質問に答えるまでにほんの少し間が空いてしまったことを、会話を長く中断してしまったと考えてしまいませんか？ あなたが大事だと思っていたり、過大評価している行為を、ほかの人はそんなに重大にとらえていないということをわかってください。

Step5 自己意識と正面から向き合ってみましょう。このために、鏡の前で練習するというのも１つの方法ですし、テープレコーダーにあなたの声を吹き込み、自分の音声を聞き直してみるという方法もあります。

あなたはどうですか

1. 自意識過剰だと感じたときの状況をふりかえってください。そのような状況であなたがよくとる対処方法や戦略を書いてみましょう。

2. まだ直面していないものの、近い将来直面しそうな状況について考えてください。このような状況のとき、自分の自己意識をコントロールするために、どのような戦略を使うか考えてみましょう。

寄せられた声

「高校時代、悪ガキたちが私をからかうために、ばかげたことを言っているのだということに気づきました。気づいたことでとっても自信が湧いてきました。なんか大きな重荷がとれたようでした。だって、状況を別の角度で見ることができたのですから」

●大学１年生

「自分自身を十分見つめ直し、不安の要素は何もないし、他人に私の人生を決めさせられないと言い聞かせています。誰も私や私のすることに口出しできないのですから。無理してほかの人たちと一緒にいるようにしていますが、良くなっているように感じています」

●25歳、アパレルバイヤー

カルドゥッチ先生から一言

「シャイな人の自己意識で問題となることは、シャイな人のパーソナリティや個性が自然な形で現れてくるのを邪魔することなのです」

ふりかえってみよう

あなたは、自分を意識しすぎることが原因となって、以下の意見で述べられているような問題を経験したことがありますか。

「シャイな人の自己意識で問題となることは、シャイな人のパーソナリティや個性が自然な形で現れてくるのを邪魔することなのです」

第16日

帰属プロセスを理解しよう。出来事の原因を、何のせいにするか？

知っておいてほしいこと

「帰属」とは、自分や他者の行動の原因と結果を考えることであり、シャイな人も、シャイではない人もほとんどの人が使うものです。物事の原因と結果を考える「帰属プロセス」は、日常生活にある一見つながりのない出来事を説明することができ、より予測可能で、秩序ある、安全で、合理的な生活を提供するのに役立つのです。ほかの人と同様にあなたもおそらくこのようにふるまうでしょう。

一般的に、ある出来事の原因を３つのカテゴリーに帰属させます。自動車事故、森林火災、または人から冷めたくあしらわれるような出来事を説明するために、これらの関係性をさまざまな組み合わせを使って説明します。

第１カテゴリーは、内的帰属か、外的帰属かです。内的帰属とは、「物事の原因が自分自身の責任の領域にあると考えること」であり、外的帰属とは、「物事の原因が自分の責任の領域の外にあると考えること」です。

第２カテゴリーは、安定的なものに帰属させるか、不安定なものに帰属させるかです。安定性への帰属とは、「物事の原因を変化しない何かで説明すること」であり、不安定への帰属とは「物事の原因を一時的で変化しやすい何かで説明すること」です。

第３カテゴリーは、特殊なものに帰属させるか、全般的なものに帰属させるかです。これは、「物事の原因を特殊な状況で生じたことだ」と説明するか、「全般的にどんな状況でも生じることだ」と説明するかということです。

あなたがどのカテゴリーの帰属説明を用いるかによって、「次の人ではきっとうまくいく」と考え、希望がもたらされることもあります。しかし、「何を言っても、どうせみんなに受け入れてもらえない」と、希望が遠ざかってしまうこともあります。このため、帰属プロセスがどのように行われているのかを理解することが重要なのです。

あなたはどうですか

この帰属説明の考えは、あなたに希望をもたらしましたか、それとも希望を遠ざけてしまいましたか。その理由を書いてみましょう。

寄せられた声

「職場の人たちと昼食をとるのが、イヤになってきています。職場の人たちと一緒だと落ち着かないのです。それでベラベラしゃべりはじめてしまって、そのことで本当に気まずい気分になるのです。

何か面白いことを言おうとするのですが、うまくいきませんし、しまいには落ち込んだ気分で、私がおしゃべりだから誰も私を好きになってくれないのだと思いながら、昼食を終わらせます。みんな私が悪いのです」

●23 歳、秘書

「私は、話すことがなくなりそうになると落ち着きがなくなってきます。会話を続けようとして、考えもなく何かを口走ってしまいます。言ってしまったあとで我に返って、悔やむのです。

だってその内容では、私は愚かでダメな人間にしか思われないからです。しゃべっている最中に、『お黙り！　そんなことを言ったら、ばかにされるだけよ！』と心の中で考えつづけている自分がときどきいます」

●26 歳、写真編集者

カルドゥッチ先生から一言

「『帰属プロセス』は、日常生活にある一見つながりのない出来事を説明することができ、より予測可能で、秩序ある、安全で、合理的な生活を提供するのに役立つのです」

ふりかえってみよう

以下の文で述べられている、帰属のプロセスの重要さがわかるような実例を考えてみましょう。また、それについて説明してください。

「『帰属プロセス』は、日常生活にある一見つながりのない出来事を説明することができ、より予測可能で、秩序ある、安全で、合理的な生活を提供するのに役立つのです」

1.

2.

3.

第17日

シャイな人に共通してみられる帰属の失敗。出来事の原因を、間違った方向に考える。

知っておいてほしいこと

起こりうる帰属の組み合わせは無数にありますが、シャイな人たちが自分の行動の帰属を考えるパターンには偏り(かたよ)がみられます。つまり、自分に不利に働く方向にとらえるのです。その理由は、シャイな人たちは、自分の人づきあいがうまくいかない原因を過度に内的で、安定的で、全般的なものに帰属させる傾向があるからです。

たとえば、シャイな人がパーティで誰かと話が弾まなかった場合、自分は会話のスキルがないから「自分があの人を退屈させてしまう」（内的帰属）、自分は会話のスキルがないから「パーティで別の人をも退屈させてしまう」（安定的帰属）、「人が集まるどんな場所でもまわりの人を退屈させてしまう」（全般的帰属）という帰属パターンで考えてしまうのです。

このような帰属パターンは、「悲観的帰属スタイル」と呼ばれ、大きな自信喪失につながります。この帰属パターンからわかることは、自分が、あるいは自分だけが混乱の原因であると思い込んでしまっているので、この帰属スタイルをもつ人にどんなに自信をもたせようとしてもできるはずがないのです。

その一方で、シャイな人たちは自分の人づきあいがうまくいった原因を、過度に外的で、不安定で、特殊なものに帰属させる傾向があります。たとえば、シャイな人があるパーティで会話が弾んだ場合、以下のように帰属させます。

私と話してくれるような親切でやさしい人とで出会えて、今日は「運が良かった」（外的帰属）、自分はパーティ恐怖症のたった一人であり、自分と話してくれるほどやさしい人を見つけられた。しかも、その日のあなたの会話スキルは「たまたま会話が弾んだ」と考える（不安定な帰属）、「こんな良い日（状況）は、二度と起こらない」（特殊性への帰属）と考えてしまうのです。

このように過度に外的で、不安定で、特殊なことに帰属するパターンは、成功がもたらす個人的達成感を少しずつ奪い、また自信を喪失させる傾向があるのです。

あなたはどうですか

自分の行動を説明するために行った帰属で、うまくいかずに失敗してしまった例をいくつか書いてみましょう。また、そのときの失敗の状況を具体的に説明してください。

寄せられた声

「シャイネスを克服するという願いは、今までは叶わぬ夢と思っていましたが、今は違います。『お前はほかの誰よりも自分に厳しすぎるし、それではいけないのだ』と自分に言い聞かせています。おそらく、私の問題はシャイネスではないのです。それは自信か自己像、あるいはその両方に問題があるのだと思います。そうだったとしても私は自分が嫌いだし、シャイネスが私にさせていることも嫌いです。

自分のシャイネスに対する見方は少しひねくれています。なぜかといえば、友人たちは少しばかり自信過剰に思えるからです。なので、恥ずかしさを強く感じているときの自分を、本当の自分よりも少しばかり常軌を逸しているだけだと思うようにしています。それから、相手がどう反応するか読めないときには（ほかの人に近づいたときの私のように）、近づかないようにしています」

●高校３年生

「私はほかの人たちに拒絶されているように感じています。だって、自分を誰が見ても価値のない人間だと思うからです。

初めて会う人たちとの会合では、特にそう感じます。私が望まれてもいないし、受け入れられてもいないと感じる場所で、物笑いの種になりたくもないし、厄介者になりたくないのです。

だから、いつも誰かが話しかけてくるまで待っているのです」

●58歳、小規模企業の経営者

カルドゥッチ先生から一言

「シャイな人たちは、自分の人づきあいがうまくいかない原因を過度に内的で、安定的で、全般的なものに帰属させる傾向があるのです」

ふりかえってみよう

シャイな人は、以下の意見にきっと納得がいくはずです。人づきあいで失敗したときの帰属を過度にしすぎてしまった例を、いくつか話してください。

「シャイな人たちは、自身の人づきあいがうまくいかない原因を、過度に内的で、安定的で、全般的なものに帰属させる傾向があるのです」

第18日

帰属の間違いをコントロールする。出来事の原因を、正しく考えよう。

知っておいてほしいこと

シャイな心から生じる帰属の偏りのことがわかると、より偏りが少なく、公平で、自信を生むような別の思考パターンを模索できるようになります。

以下にあげたやり方を、一度練習してみましょう。

1. 物事がうまく進んでいないとき、外的な／不安定性への／特殊性への帰属を試してください。

たとえば：人々が集まる場で会話がうまく進まない場合、「相手もあなたと同じシャイな人で、会話に問題を抱えている可能性だってある」し、その人との会話には問題があったとしても「それは別の人との会話にも当てはまるわけではない」と考えてみましょう。

2. 物事がうまく進んでいるとき、内的な／安定性への／全般性への帰属を試してください。

たとえば：社交的な集まりの場で会話がうまく進んでいる場合には、「うまくいっているのは自分の会話術のおかげだ」と自分をほめてあげ、「この会話術は別の人との会話でも使える」と考えてみましょう。

3. 「誰もが同じように感じている」と自分自身に言い聞かせてください。

たとえば：大勢の前で話すとき、偉い人やあなたが関心をもっている人に紹介されるとき、あるいは初めての場所で初めての人たちと会うときには、「たいてい誰でも緊張するものだ」と自分に言い聞かせるのも役に立ちます。完璧な人などいないのですから、あなたも完璧になる必要はないのです。

4. 自分の帰属に、現実的かつ適切に、公平に向き合ってください。

たとえば：「いつも悪いのは自分だ」と考え、「人づきあいがうまくいかない原因はすべて自分にある」と考えるのは公平ではありません。それと同じで、「人づきあいがうまくいかない原因はすべて相手にあり、自分が悪いとは考えない」というのも公平ではありません。

間違った判断をせず、自分の帰属をもっときちんと見ることができるようになれば、自分や他者をより公平に見られるようになります。そして、あなたは自分の社交的成功をだんだん受け入れられるようになり、人づきあいがうまくいかない原因と思われる思考や行動を変えられるようになっていくのです。

あなたはどうですか

帰属がうまくいかず、失敗してしまった状況を、もう一度分析し直してください。その後、より現実的な帰属戦略を用いて分析し、次はどのようにしたらうまくいくか考えてみましょう。

「シャイネスに関する本は、知っている限りすべて読んでいます。

自分の思考をできるだけ修正してもいます。そのおかげで、まわりの人の言動を少しは客観的にとらえられるようになりました。それはそれで仕事の上ではとても役立っているのですが、それでもまだほとんどの人づきあいの場は恐ろしくて仕方ないし、気軽な世間話さえもできないのです」

●31歳、公認会計士

「自分は会社の社長と対等なのだと意識的に心の中で言い聞かせています。心の奥底にある社長に対するシャイネスを修正し、バランスをとろうとしているのです。もちろんここで言う『対等』とは人間としてという意味であって、技術的なレベルではまだまだですよ」

●33歳、整備士

カルドゥッチ先生から一言

「完璧な人などいないのですから、
あなたも完璧になる必要はないのです」

ふりかえってみよう

以下の文章に関して、この問題があなたの生活の中に入り込んでいることに気づいていましたか。そして、これは乗り越えるのが難しい課題だと思っていることに気づきましたか。

「完璧な人などいないのですから、あなたも完璧になる必要はないのです」

第19日

シャイな人に共通する人間関係の比較の間違い。自信のなさが不公平感を助長する。

知っておいてほしいこと

自分とほかの人とを比較するというのは、自然なことですし、役に立つ特性でもあります。自分とほかの人との比較は、どうやって行動したらよいのか、何を議論したらよいのか、どこに立ったらよいのかといった「社会と自分がどう調和するのか」を決める場合に役立ちます。

人との比較は、初めてでよくわからない状況で役に立ちます。つまり、初めての状況では、ほかの人がしていることを観察するという手段はとても役に立ちます。

残念なことに、シャイな人たちは、シャイな心に悩まされているので、自分とほかの人とを比較すると、自分を不公平かつ悪く比較してしまう傾向があり、その結果、シャイな人たちはいつも劣等感を抱いてしまうのです。あなたがパーティで物静かに話を聞いているだけの人たちとではなく、壇上でスピーチをしている人、パーティの主役、特別に招待された有名人たちのような、注目の的の人たちと自分とを比較してしまったら、劣等感を抱かずにはいられないはずです。

シャイな人の場合、自分の社交的能力に自信がなく、さらにそのことで大きな悩みも抱えているので、人との比較が自分の精神的活動のほとんどを占めている場合が多く、さらに自分を社交的状況で最も目立っている人たちと比較してしまう傾向が強いのです。

このような不公平な社会的比較の罠にはまってしまうと、あなたの自信は喪失し、自尊心も低下することになります。そうなると、あなたはしゃべらない、逃げる、ひきこるなどの行動ばかりとらざるをえなくなってしまうのです。

あなたはどうですか

実際の社交的状況で、自信がもてなかったせいで、結果的に適切でない他者との比較を行ってしまった例を書いてみましょう。また、適切でない他者との比較の結果、自分がどのように感じたのか考えてみましょう。

寄せられた声

「私は今までいつも気さくにふるまっていましたが、最近、いつもと違う人やなじみの薄い人がまわりにいるとシャイになりやすくなります。こういうとき、彼らがどうしているか、まず見ることにしています。拒絶されることを気にして、シャイになることもあります」

●19歳、テレホンアポインター

「友だち同士で集まっている人たちを見ると、自分が異常ではないかと思えるのです。だって、私には親しい友人がいないのですから。そのせいで、人生で損をしているといつも感じています。そういう経験ができないのですから。

この感覚に襲われるのは、居酒屋やバーみたいな公共の場でおたがいに談笑しながら、楽しそうな時間を過ごしているグループを目にしたときです。

私はいつも自意識過剰になって、ほかの人に何か言われるのではないかということばかり気にしているのです」

●35歳、アパレルバイヤー

カルドゥッチ先生から一言

「シャイな人たちは、自分とほかの人とを比較すると、
自分を不公平かつ悪く比較してしまう傾向があり、
その結果、シャイな人たちはいつも劣等感を抱いてしまうのです」

ふりかえってみよう

シャイなあなたは、自分と他者とを比較するとき、きまって人気者や脚光を浴びている人を相手に選び、自分を不公平かつ悪く比較していることに気づきましたか。あなたは以下の意見に賛成ですか？

「シャイな人たちは、自分とほかの人とを比較すると、自分を不公平かつ悪く比較してしまう傾向があり、その結果、シャイな人たちはいつも劣等感を抱いてしまうのです」

第20日

適切ではない人間関係の比較をコントロールする。公平な比較で自信を取り戻そう。

知っておいてほしいこと

適切ではない人間関係の比較をコントロールするということは、自信を失わせる比較ではなく、自信をつけさせるような比較を行うことです。

自信をつけさせるような比較を行うために、まず、はじめに「自分のどの資質が比較するのに値するか」を決めてください。人との比較は最終的に自尊心に影響してきます。あなたにとって重要なパーソナリティの一面だけを比較するようにしてください。練習として、以下の方法も試してみてください。

- あなたとできるだけ同じような人を、比較対象に選んでください。
- あなたと似たような経験をもっている人と、比較するようにしてください。
- あなたのまわりの社交上手な人（たとえば、外向的な人）との比較を通して、人づきあいがうまくいくための知識獲得の例として利用してください。ここで、もし社交上手な人と自分を比較しているのだと気づいたら、「彼らの行動のどこがよいのか」を勉強するつもりで比較しください。

たとえば、次のようなことがわかるはずです。

人づきあいの上手な人たちは、あなたに何を教えてくれますか？

- 人づきあいがうまい人たちは、会話の場で相手の話題をひろげようとしていませんか？　また、相手にも意見を述べさせようと特別な努力をしていませんか？
- 相手に対して礼儀正しく、敬意を払っていませんか？
- 冗談の言い方や人を笑わせる方法を知っていませんか？
- パーティの席での社交上手な人たちは、素敵で魅力的なダンス相手を探すことを楽しんでいるように見えませんか？

これらのヒントに従うと、自分の欠点を痛感する以上に、社交上手な人たちとのかかわりから多くを学ぶことができるはずです。そして、適切ではない人間関係の比較をコントロールすることとは、「ほかの人と自分を比較するときには、現実的で公平でなければならない」ということも理解できるはずです。

あなたはどうですか

ここまでで学んだ人間関係に関する比較の知識を用いて、次のことを行ってください。適切ではない比較を行ってしまった過去の状況を考えてみください。そして、他者との人間関係の比較を公平なものにしてくれる、前ページで議論した戦略を用いて分析し直してください。

寄せられた声

「シャイネスが私の行動を邪魔しそうな気がしたり、他人に与えようとしている私の印象を変えてしまいそうな気がしたりするときは、基本的に毎回同じことを自分に言い聞かせています。怖がるのはもっともだけれども、『自分の頭の中で起こっていることをちゃんと理解すれば反応をコントロールできるはず』と言って自分を説得しているのです。『世界が終わってしまうこともないし、恐れるよりも自信をもつほうが何倍もいいように思えるよ』とも言っています。

それから自分はダメな人間ではないし、思い切って話さなければまわりの人に私のことをわかってもらえないし、彼らに自分を勝手に判断させてしまうことになるのだとも言っています。私は、現実的に見て、まわりの人に自分のことをどう見てほしいのかをコントロールしなければいけないのです。なんと言っても、自分の運命の支配者は、私自身なのですから」

●24 歳、動物看護師

カルドゥッチ先生から一言

「人との比較は最終的に自尊心に影響してきます。
あなたにとって重要なパーソナリティの一面だけを比較するようにしてください」

ふりかえってみよう

あなたは、今まで以下の助言に従ってきましたか。考えてみましょう。

「人との比較は最終的に自尊心に影響してきます。あなたにとって重要なパーソナリティの一面だけを比較するようにしてください」

第21日

心安らぐ場所を拡大しよう。経験の幅を少しずつひろげてみる。

知っておいてほしいこと

あなたの心安らぐ場所を拡大する上で大切なことは、いつものお決まりの行動をやめてみることです。だからといって、経験の幅をひろげるためにとる戦略が、自信満々で、社交上手で、恐れを知らない冒険家を無理して演じてはいけません。経験の幅をひろげる戦略は、地に足がついた現実的なやり方でなければならないのです。

あなたは、これまで新しい行動領域をひろげようとして、とても居心地の悪さを感じたはずです。しかし、経験の幅をひろげるために新しい行動領域に足を踏み入れるべきなのです。ゆっくりとしかも着実に。あなたの目指すものは、なじみの薄い状況や環境、ほかの人とのかかわりを増やすことで、心安らぐ場所をひろげていくことなのです。そして、それは同時にあなたの感情面や精神面を強化することにもなるはずです。あなたの心安らぐ場所をひろげようとするとき、以下の 3 点がきっと役に立つはずです。

▶過去にやってみて、自分ができると思っていることからはじめてみる。
▶いつもの日常の行動に、ちょっとした変化を加えてみる。
▶これまで以上に、人がいるところに外出してみる。

たとえば、あなたがあるジャンルの音楽、芸術、演劇が好きだとしたら、自分の好きなコンサート、展覧会、公演に足を運びましょう。あるいは、ジョギングやテニスが好きならば、地域ランナーの同好会やテニス・クラブに入れてもらうのもよいでしょう。カヌーやハイキングといったほかのスポーツにも、興味をひろげることを考えた方がよいかもしれません。あなたが楽しいと思う趣味や娯楽活動は、どんなものであれ同じ関心をもつ人たちとの出会いの場を増やすのに役立つはずです。つまり、そのことを通じてあなたは地域集団の一員になることができるのです。このような新しい活動をより心地良いものにするために、友人を誘ってつきあってもらうのも良い方法でしょう。一人でやるにしても友だちにつきあってもらうにしても、自分の関心をひろげる努力を怠ってはいけません。

新しく心安らぐ場所を拡大し、模索しているあいだも、あなたの期待を現実的に保っておくことが大切です。たとえば、新しい行動が心地良いと感じるまで、何度かその行動を繰り返しやってみるのです。つまりそれは、あなたのこれまでの心安らぐ場所となったさまざまな活動を何度も繰り返したのと同じことになるのです。

あなたはどうですか

あなたがひろげたいと思っている心安らぐ場所はどの領域ですか。また、そのために本書で提示した戦略をどのように活用したいと思っていますか。

これを考えるとき、あなたがひろげたいと願っている心安らぐ場所の部分とそれを実現するための戦略を具体的にイメージするほど、あなた自身に変化を起こすことになります。これを忘れずに、イメージしてください。

寄せられた声

「私の場合、シャイネスによって多くの問題が起こっているという意識はありません。私生活では、初めての人と会う場合には不安を感じます。安心して打ち解けるのに時間がかかるからです。それでも親しくなろうとがんばってはいます。社会生活においては、人混み、大都市、大きなパーティはなるべく避けています。そのことで何か損をしているとも思っていません。

職業生活では、シャイネスは現れてこないように思えます。仕事中の私は、別人なのです」

●35歳、アロマセラピスト

「自分が怖気づいているときには、自分から思い切って話し出すことで、少しずつシャイネスを克服しようとしています。人前に立つ勇気を奮い立たせることができたときには、心の安寧を感じますし、達成感を感じます。このことに良くなる兆しを感じています」

●39歳、銀行員

カルドゥッチ先生から一言

「ゆっくりとしかも着実に。そうすれば、かつてあなたが居心地の悪さを感じた新しい試みを成功させることができます」

ふりかえってみよう

新たに取り組む活動にともなう苦痛を減らすとともに、以下の文章を実現するのに役立つとあなたが考えている戦略をいくつかあげてください。

「ゆっくりとしかも着実に。そうすれば、かつてあなたが居心地の悪さを感じた新しい試みを成功させることができます」

1.

2.

3.

第22日

あなたが社交的に成功するための計画と準備。「社会調査」をしておこう。

知っておいてほしいこと

ここでいう「社会調査」とは、あなたが参加しようとしている人々が集まる場所に関する情報をあらかじめ集め、そのための計画と準備をしておくことをいいます。

「社会調査」を行う第一の目的は、初めての人と初めての場所で会うときのあいまいさ、不確実性、不安を少なくさせることにあります。これにはある種の予想を立て、焦点を絞り、練習することが必要です。たとえば、人々が集まる場所に着ていく服を考える、その場で話す話題を考える、そしてそのリハーサルをすることも含まれるのです。

支度を始める前に、話題を必ず見つけてください。シャイな人たちは話す話題がないことを心配します。ですから、人々が集まる行事に出席する前に会話のネタを考えておくことで、不安を軽減することができるのです。その行事の前に、別の人々が集まる場所に参加するという方法もあります。このような予行演習的な参加で、あなたは上流階級出身の人たちと話す機会をもて、彼らから学ぶことができ、彼らの助言を受けることもできるのです。そのような予行演習的な行動が、不確実性を減らし、あなたに自信をもたせてくれるはずです。

次は、あなたがその場で会うと思われる人たちについて前もってよく調べ、あなたが安心できる自宅にいるあいだに、人々が集まる場所で話そうと思っていることや、しようと思っていることをリハーサルしてみましょう。たとえば、鏡の前で、初対面の人に自己紹介するときにはどうしたらよいのか、芸術家の名前やメニューに載っている外国語はどう発音したらよいのか、会話中に出てきた特定のニュース記事に関してどんな受け答えをしたらよいのか、などを練習してみるのです。

ここで問題となるのは、あなたが社交的になるための計画やリハーサルをちょっとありふれていて、わざとらしいと考えてしまうことです。そんなことはないのです。つまり、初めての場所で初めての人に会う前に計算できる問題点や話しはじめの会話での問題点を理解しておけば、あなたは安心することができ、「不確実性を減らし、不安を少なくする」という課題に集中できるのです。

この課題に集中できれば、まわりの人を心地良くさせることができ、彼らに本当の自分を知ってもらうことができ、自分自身も楽しめるのです。

心安らぐ場所以外で社交的接触をもとうとすると、あなたのシャイネスは行動障害という形でその姿を現します。このようなことがあるので、新しい社交技術を身につけ、発展させる最も良い方法は、あらかじめ心安らぐ環境で自分に必要な情報やスキルを見極め、その情報を収集し、スキルを磨くことなのです。

あなたはどうですか

過去にうまく対処できなかったさまざまな人々が集まる場所に備えるために、社交的に成功するための計画と準備である社会調査をどのように利用していますか。あなたが社会調査の計画を立てるときに、自分がどのように行動するかを具体的に考えるほど、変化を起こしやすくなるということを意識して書いてみましょう。

寄せられた声

「シャイネスを克服するまでには、まだ努力が必要なようです。自分でもうダメだと思ってしまうのではなく、物事を一つひとつ分析するようにしています。あの日まで何も変わりませんでした。

その日、私は求人広告に応募したのです。とってもドキドキしていました。仕事に就けるかどうかを気にしてではないですよ、電話でどう話したらいいのかを考えてですよ。そこでこういうときに電話がうまい人はどう話すのだろうと考えて話そうとしたのです。そうしたら電話をする勇気が湧いてきたのです。

結局、仕事には落ちましたけど、最初の障害をクリアできたので幸せでした。いつの日か、誰の助けも借りず、誰に迷惑をかけることもなく、自分ひとりで、できるようになりたいのです。きっとうまくいきますよ！

もちろん自分でコントロールしなければならないことはわかっています。だってほかの誰かがやってくれるはずがありませんからね」

●22 歳、医学生

カルドゥッチ先生から一言

「新しい社交技術を身につけ、発展させる最も良い方法は、
あらかじめ心安らぐ環境で自分に必要な情報やスキルを見極め、
その情報を収集し、スキルを磨くことなのです」

ふりかえってみよう

以下の文章についてあなたはどう思いますか。この示唆はあなたの役に立つと思いますか。

「新しい社交技術を身につけ、発展させる最も良い方法は、あらかじめ心安らぐ環境で自分に必要な情報やスキルを見極め、その情報を収集し、スキルを磨くことなのです」

第23日

その場に自分が「慣れる」までの、時間の経過を楽しもう。

知っておいてほしいこと

あなたがその場に「慣れる（warm-up）」までの時間は、過ぎ去るのをじっと待つことしかできない単調で、危険な自意識過剰の時間ではないのです。自分がその場に慣れてきたときにまわりの人と会話しやすくするためのウォーミングアップの時間として利用できるのです。それは単に行事の前のリラックスタイムとして使うこともできますし、社交上のエチケットを学ぶ時間としても使えるのです。

一番心に留めておかなければならないことは、わざと遅れていくのではなく、その場に早く着くということです。シャイな人たちに見られる共通した間違いの１つに、社交的集まりに姿を現すのが遅ければ、すでに会話が弾んでいる人たちの輪に簡単に入り込むことができ、過度に自分を意識しすぎなくてすむと考えていることです。この戦略は、ほとんどの場合うまくいきません。なぜなら、すでに会話が始まっている人たちの集団に入り込むことは、誰かと一対一で会話を始めるよりも、はるかに難しいのです。

遅く到着した場合、２つの問題に直面することになります。１つはその場に「慣れる」までの時間であり、もう１つはすでに形成されている集団へ加わることの難しさです。一番良い戦略は、その場に「慣れる」のに必要なプロセスを開始できるように、社交的な集まりが始まる前に少し早めに到着することです。そうすれば、ほかの人たちが到着するときに知り合いになる機会がもてるかもしれないし、主催者や進行係の人に、たとえばオードブルを配るとか、何か手伝えることがあるかを尋ねることもできます。

早く到着することは、礼儀にもかなっていますし、シャイネスを克服する方法としても良いですし、何よりも慣れるのに必要な時間を社会調査のための時間として利用できるのです。このウォーミングアップの時間中に、周囲の状況に慣れ、調度品を観察し、ほかの招待客の間を歩き回るだけの時間はあるはずです。そうすると、指輪、襟ピン、ネクタイ、ブラウス、書類カバンといったまわりの人たちの服飾品に気がつくはずです。それらはあなたのウォーミングアップの時間が終わって落ち着きを取り戻した後に、会話を始めるきっかけとして利用できるのです。

さらに、慣れるのまでの時間に、聞き耳の術（the wait-and-hover technique）を使ってみて

ください。この術は、いろいろな会話の輪の端に立って、その人たちの会話の中身を聞くだけでいいのです。人の話を聞いているだけで、あなたがその人たちに近づけるほど落ち着きを取り戻したときに、その人たちとの会話のきっかけとして使えるのです。

慣れるのに必要な時間は、あなたと同じような心をもった人――あなたと同じで、無口だけれども面白い話題をたくさんもっている人たち――を探し出す機会も与えてくれます。何よりも、あなたはその場に慣れるまでのプロセスを辛抱強く待ち、焦ってはいけません。そして、その場に慣れるためのウォーミングアップの時間は、人それぞれだということを自覚しなければなりません。

あなたはどうですか

その場に慣れるまでの時間に、あなたが直面しそうな状況に対処するためにしておかなければならない行動を書いてみましょう。このときの状況と行動を具体的にイメージするほど、あなたが望む行動や変化を起こすことができます。

寄せられた声

「あなたもシャイだったら、予想もしていなかったときに誰かを紹介されると、その人の名前が思い出せなくなりますよ。たとえば、あなたが友人と出かけて友人の知り合いに偶然会ったとします。そうしたら友人たちは礼儀としてあなたを紹介しますよね。このようなことが、私にもあったのです。

それは突然だったので、誰と出会っているのかわからなくなってしまって、そわそわしてその人の名前を思い出すことができなかったのです。そのとき、頭の中にあったのは、私はどう見られているのだろうということだけでした。すると、一緒にいる友人の名前を思い浮かべることができなくなってしまったんです」

●28 歳、テレビ番組制作会社助手

「私は、シャイネスを克服するためにいくつかのことを試しています。

たとえば、無理してクラブやパーティに行くようにしているのですが、実際に誰かに近づく段階になると決まって怖気(おじけ)づいて何もできないのです。

クラスの人たちと話そうと気合を入れても、そこでも決まって怖気づいちゃいます。自分がもっと自由にできたらと思うのですが、難しそうです」

●24 歳、秘書・学生

カルドゥッチ先生から一言

「その場に『慣れる』プロセスを開始できるように、
人々が集まる場所に少し早めに到着することです。
そうすれば、ほかの人たちが到着するときに知り合いになる機会があるでしょう」

ふりかえってみよう

以下のアドバイスをあなたはどう思いますか。あなたには、この戦略をやり遂げる能力があると思いますか。

「その場に『慣れる』プロセスを開始できるように、人々が集まる場所に少し早めに到着することです。そうすれば、ほかの人たちが到着するときに知り合いになる機会があるでしょう」

第24日

お酒の力を借りて外向的になってはいけない。自己流の治療はやめよう。

知っておいてほしいこと

「お酒の力を借りて外向的になる」というのは、シャイな人たちが、初めて会う人々が集まる場所に参加したときにリラックスし、過度に自己を意識しないようにするために、アルコールを飲む戦略のことを指します。アルコールを飲むと手持ちぶさたではなくなるので、自意識過剰にならないですむかもしれません。しかし、それは避けたほうがよい戦略です。

お酒を避けたほうがよい理由は、2つあります。1つは、アルコールには神経系統を鎮静化する効果が認められているので、覚醒感や緊張感を感じさせにくくなります。このため、その場に慣れるために必要な時間の最初の緊張感をアルコールは減らしてはくれるのですが、同時に人が集まる場所でうまくふるまうための心的プロセスを妨害してしまうのです。

お酒を避けたほうがよい2つめの問題は、帰属のプロセスにあります。

あなたが、緊張感がなくなり社交性が増した理由をアルコールのせいにした場合、アルコールは頼りになると決めつけ、アルコールを飲まないとリラックスできないし、社交的になれないと思いこんでしまうのです。

しかしながら、このような帰属のパターンでは、もう1つの重要な要因を忘れています。緊張感がほぐれた原因は35分間その状況でじっとしていたことによる時間の経過によるものかもしれません。つまり、その場に慣れるために時間をかけてリラックスした（内的統制）ではなく、「アルコールのおかげで自分は社交的になれた（外的統制）」と帰属を間違ってしまうのです。

ここで、その場に慣れるための調整に必要な初期段階のあいだはじっとしているというあなたの努力を自分で認識することができれば、次の初めての状況でも慣れるまでじっとしていれば大丈夫だと考え、「お酒を飲まなくても大丈夫」という勇気が湧いてくる可能性が高まるのです。

あなたはどうですか

シャイネスへの対処として、「お酒の力を借りて外向的になる」という戦略をとった場合、心理的、社会的、個人的問題について、前のページであげた以外にいくつか考えてみましょう。

心理的問題：

社会的問題：

個人的問題：

寄せられた声

「酒に酔ったとき、気が狂った人のような行動をとってしまったのです。そのとき、まわりの人は私を面白がっているように思えました。でも、あいつは酔うと気が狂い、野蛮になるという評判が立ってしまったのです。

そう、今まで誰も見たことのない私の一面を見せてしまったのです」

●35歳、コンピューター・プログラマー

「博士号を得て故郷に戻ってみると、私はある種の有名人になっていました。それでもやはり社会生活から逃れる場を、酒に求めつづけていました。

そうしたら妻、友人、親戚、そして私がリーダーだった地域社会との関係さえも、こじれてきてしまったのです」

●59歳、大学教授

「社交的な場では、緊張をほぐし、自意識過剰にならないようにするために、そしてより外向的になるために、私は適度のアルコールを飲むようにしています。それでも、見知らぬ人との会話はできないだろうし、特に女性との会話は無理だということはわかっています。何を話したらいいのかわからないのです」

●42歳、電気技師

カルドゥッチ先生から一言

「アルコールは、人が集まる場所でうまくふるまうための心的プロセスを妨害してしまうのです」

ふりかえってみよう

あなたのこれまでの経験で、以下の意見に思い当たることはありましたか。自分やまわりの人々の体験談を思い出し、書いてみましょう。

「アルコールは、人が集まる場所でうまくふるまうための心的プロセスを妨害してしまうのです」

あいさつ程度の短い会話から、会話のきっかけをつくろう。

知っておいてほしいこと

シャイな人たちが抱える最大の難問は、人々が集まる場所でほかの人たちと話すきっかけをつくることです。この問題の中心は「接近－回避葛藤」なのです。つまり、シャイな人たちは、「みんなに近づきたいが、どうしたらよいのかがわからないので、こわくて近づけない」という葛藤をもっているのです。

誰かにアプローチする能力を高めるために重要なカギは、あいさつ程度の短い会話です。つまり、まわりの人とのほんの一瞬の雑談程度の会話を利用することなのです。あいさつ程度の短い会話をする目的は、いろいろな人たちと話すことに慣れること、そして同時に相手の人たちにもあなたと話すのに慣れてもらうことにあります。

短い会話を練習する際には、以下のことを頭に入れておきましょう。

1. **光り輝く人であるというよりも、「いい人」であることが重要です。**
   みんなの関心をひくために輝いていて、洗練されていて、機知に富んだ人でなければならないと考え、自分に不必要な重圧をかけてはいけません。あなたは、「いい人」であるだけでよいのです。
2. **雑談程度の短い会話は、共有している環境や状況に関することから始めましょう。**
   共有している環境についての会話とは、あなたと相手の人が共有しているその場の状況や雰囲気に関して意見交換することです。おしゃべりの内容は、天気のこと、訪問先のお宅のちょっと変わった特徴について、街の新しい映画館について、もうすぐ行く予定のコンサートのこと、さらには大勢の人が長蛇の列をつくりそうなチケットを手に入れるのが大変そうなことなどなんでもいいのです。
3. **この短い会話の内容は、たいしたものではない、ありふれた内容のように思えるかもしれませんが心配は無用です。**
   なぜならば、あいさつ程度の短い会話の目的は、みんなにあなたが話したがっていることを知ってもらうことにあるからです。それ以上でも以下でもないのです。もし相手の人が共有している環境について別の意見を言ってきたら、それはつまり、相手もあなたと話したがっているということなのです。

4. **短い会話や雑談を、毎日練習しておきましょう。**
堅苦しい社交的状況だけでなく、エレベーターに乗ったときや、会計の列に並んでいるとき、ショッピングモールで服を探しているときなど、日常生活の中のさまざまな状況で一緒になった人で練習することができます。

5. **短い会話を、いろいろな人で練習してください。短い会話を習慣化すると、どんな人とでも会話するのが、楽しく感じられるようになるはずです。**
雑談程度の会話を交わすと、まわりの人たちもあなたが会話したがっていると気づき、「あなたと話してみたい」と思うはずです。「ほかの人と話したい」という気持ちが、ほかの人もあなたを受け入れ、近づくことができると思わせてくれるはずです。

6. **短い会話には、2つの利点があります。**
将来、ほかの人と長い会話をするときのきっかけとして利用できます。そして、ほかの人と仲良くなるときに生じるリスクを減らすこともできるのです。

あなたはどうですか

あいさつ程度の短い会話や雑談の練習ができそうな状況を、いくつかあげてみましょう。また、その状況でどのような練習ができるかを考えてください。ここで重要なのは、短い会話をする状況やそこでやりとりする行動を具体的にイメージするほど、あなたが望むような変化を起こすことができるということです。

1. ____________________

2. ____________________

3. ____________________

「私は、その場で会った人と短い会話をしたり、仕事の会議で発言したり、婚約中の彼女とクラブに出かけたり、緊張してきたらリラックスしようと努力することで、シャイネスを克服しようとしています」

●24歳、役員秘書

「今まで誰も教えてくれなかったのですよ。誰かと関係を始めるにしろそれを続けるにしろ、相手が知り合いでも見知らぬ人でも、人とちょっと話をすることで生じるリスクをとれば、それは必ず報われるのですよ。この場合の『報われる』とは、交際術が向上するとか、自信がもてるということなのですがね。どちらももっとリスクをとる気にさせるものです。

でも言いたいのは、リスクをとれば必ず報われるということなのです。私は、そのことを最近になって学んだのですよ」

●47歳、会計係

カルドゥッチ先生から一言

「シャイな人たちはみんなに近づきたいが、
どうしたらよいのかがわからないので、こわくて近づけないのです」

ふりかえってみよう

このワークブックで示されたヒントによって、以下の「接近—回避葛藤」の問題を克服できるという自信につながると思いますか。

「シャイな人たちはみんなに近づきたいが、どうしたらよいのかがわからないので、こわくて近づけないのです」

第26日

否定から利点を得る。否定によって、他者との関係に役立つ情報を見つけよう。

知っておいてほしいこと

古いことわざに、「あなたは自分のしたことを否定**してはならない**」というものがあります。私は、そうは思いません。あなたは「自分がとってしまった行動を否定**すべき**」なのです。たとえば、「自分のしたことを否定する」とは、いつどのように自己紹介をしたかなど、あなたの行動がもとになります。

ただし絶対にしてはいけないことは、「**自分自身の**人格を否定する」ことです。別の言い方をすると、自尊心を傷つけるような否定をしてはならないということです。あるいは、あなた自身──あなたのようなタイプの人を──を批判するような否定をしてはならないのです。「自分の人格を否定する」とは、自分の常識のものさしの枠で自分自身を批判するような否定的な見方することです。あなたが、劣等感を抱いたり、意気消沈したりすることなく、否定から得られるものから学ぶときに重要なことは、適切な視点をもち続けることです。

この問題に対する一番の対処法は、「否定されること」は単に生活の一部であり、否定は誰にでも起こることなのだと考えることです。リスクをとったり、新しいことに挑戦したり、あるいは心安らぐ場所をひろげようとするときにはいつでも、あなたが否定される可能性は高くなります。これは、必ずしも悪いことではありません。なぜならば、実際に新しいことに挑戦したり、リスクをとると、否定されるか失敗するかもしれません。しかし、それは個人的成長に必要なものの一部であり、あなたにとって必要なことなのです。

否定のもう一つの真実は、「否定」はめったに起こらないということです。

まれにしか否定は起こらないので、否定されると、あなたは否定の利点よりも否定されたこと自体に目を向けやすくなってしまいます。あなたの関心が高い分、激しく反応してしまうことさえあるのです。さらに、あなたはほかの人から受け入れられるのが普通で、拒絶されることはあまりないので、否定が際立ってしまい目を向けてしまうのです。否定の苦痛を軽減したければ、否定が自分への感情を判断する基準と見なすのではなく、今までの経験の中の例外的な状態と見なすことです。

最後に、次のことも知っておいてください。否定されたことよりも「否定されたことに対するあなたの反応」が重要なのです。否定されることは、問題ではないのです。実際に問題なのは、否定されたことにあなたがどう反応するかです。そこであなたは、否定を「失敗のサイン」ととらえるのではなく、否定されたことが再び起こる可能性を最小化するための戦略を考えるという形で反応すべきです。

この戦略を立てる上で重要なのが、あなたが今までしてきたことに関する情報や、これからの行動を変えるための情報を収集することです。あなたがすべきことは、否定をあなた個人に対する言明としてではなく、「あなたの行動に対するフィードバック」と考えるようにしましょう。

否定をフィードバックと見なすことで、あなたが他者ともっとかかわりをもつための情報として利用できるのです。つまり、否定のフィードバックにあなたがどのように反応し、このフィードバックから得られた情報をどう活用するかということが重要なのです。

あなたはどうですか

あなたが過去に「否定された」と感じたときの状況を書いてみましょう。次に、その状況からどのようなフィードバックを得たか、そしてうまく行動できるようになるためにどのような戦略を立てたかを教えてください。

1.

2.

3.

寄せられた声

「シャイネスは、自分に心の痛みや苦悩を数多く引き起こします。その中でも最悪なのは、友だちや知人に自分を素直に出せないことです。そうすることにまつわるリスクを、自分はひどく恐れているのです」

●46 歳、コンピュータ修理技術者

「私が考えるに、シャイネスの根源には（私の場合ですけれど）『受け入れられたい、認めてもらいたい』という欲求があると思うのです。単純で明らかなことだと思いますが、それがすべてなのです。

否定される恐怖があるので、私は黙っているのです。まわりの人に否定される前に、こっちからまわりの人を否定しているわけです。そのほうが、傷口が小さくて済むと思ってのことです。でも長い目で見た場合、本当にそうなのですかね。最近、迷いはじめています」

●28 歳、翻訳家

「まわりの人に自分をさらけ出したら、まわりの人が自分の悪いところを見つけ出してしまうような気がしています。自分には隠さなければならないような恐ろしくて暗い秘密がないことはわかっています。それでもまわりの人に自分を隠したいという感情と戦っています」

●40 歳くらいの主婦

カルドゥッチ先生から一言

「否定から得られるものから学ぶときに重要なことは、
適切な視点をもち続けることです」

ふりかえってみよう

以下の助言は、あなたにとってどのくらいできそうですか。それとも難しいですか。

「否定から得られるものから学ぶときに重要なことは、適切な視点をもち続けることです」

社交的成功に焦点を当てる。
自分を向上させるための機会をつくろう。

知っておいてほしいこと

人間関係も含めた社交的成功に焦点を当てることは、成功の感覚をもつことや個人的な達成感をもたらしてくれる機会をつくることが関係してきます。ところが、すべての機会においてうまくいくとはかぎりませんし、高いリスクとなることもあります。すべてを成功させようという高いリスクをとる場合、成功の見込みはかなり低くなり、その結果、達成感を感じられる機会も少なくなります。

成功の感覚と達成感をもたらしてくれる機会をつくる上で重要なことは、自分がとりうるリスクをコントロールすることです。以下のことを参考にしましょう。

- **妥当なリスクをとりましょう**
  ほどよい妥当なリスクが、成功の感覚と達成感を得る真の可能性につながるのです。
- **自分自身の基準をもちましょう**
  自分には向いていない、あるいは本来の自分とは別の人間を演じなくてはならないような状況で、他人に言われてイヤイヤ参加するようなことはやめてください。「社交上手な人は有名人と、とても外交的な人だけだ」と言っているメディアも信じてはいけません。
- **積極的に行動しましょう**
  シャイな人たちは、人が集まる場所において、自分の行動に過度に批判的になる傾向があります。そうならないようにしてください。時間までに到着し（予定時間よりも早めに到着すること)、その場に慣れるためのプロセスを有効に利用することで、うまく行動できる確率を高められます。家に１人で閉じこもっていたのでは、社交的に成功する体験ができるはずはないのです。
- **完璧を求めてはいけません**
  完璧主義者をやめ、より現実主義的に行動することで、人間関係における成功感を高めることができます。完璧な人などいないのに、習慣的になんでもパーフェクトになろうとしている自分に気づきましょう。

あなたはどうですか

成功するための機会をつくりだせるとしたら、どのような状況ですか。またそこで成功するための行動とは、どのようなものか教えてください。大切なことは、その状況やそこでとる行動について具体的にイメージできるようにすると、成功するための機会を自分でつくりだすことができるようになるということです。

1.

2.

3.

4.

寄せられた声

「自分が何かしたいと思いながら家で座ってテレビを見ているあいだも、ほかの人たちは外で有意義な時間を過ごしているのですよね。私は、とっても親しみやすい人間ですよ、一度わかってもらえればね。でもそれがまさに問題なのですよ。私は無口なので、自分が『かっこつけてる』とかもっとひどく見られていないか心配しています。だから第一印象は良くないのです、でも、自分がいい人だということを示す2度目の機会はめったにこないのです」

●21歳、ロースクールの学生

「いくつものラケットボールの試合に出ることが、私のシャイネス克服法です。週末に行われる試合では、30人から200人の選手と接触をもつことになります。

私は、実にうまくそれをこなしていると思っています。つまり、みんなに外向的で親しみやすく行動できているのですよ。女性の選手ともですよ」

●41歳、新聞編集者

カルドゥッチ先生から一言

「成功の感覚と達成感をもたらしてくれる機会をつくる上で重要なことは、自分がとりうるリスクをコントロールすることです」

ふりかえってみよう

過去に、自分がとったリスクのコントロールに失敗した経験がありますか。これからは、もっとうまくコントロールできると思いますか。

「成功の感覚と達成感をもたらしてくれる機会をつくる上で重要なことは、自分がとりうるリスクをコントロールすることです」

第28日

自分以外のシャイな人を受け入れて、その手助けをしてみよう。

知っておいてほしいこと

シャイネスをコントロールしてシャイと上手につきあえる人になってきたら、あなたと同じようなシャイな人たちに対しても手助けしてあげることが大切です。あなたは「手助けする側」になることができるのです。

手助けすることの目的は、ほかの人が楽しい時間を過ごせるようにすることです。手助けすることができるようになるためには、自分のことよりも相手のことを考えることが重要です。あなたのちょっとした社交的な思いやりや気遣いが、ほかの人との社交的な交流を始めるきっかけとして使えるのです。あなたにもできるいくつかの社交的な思いやりがあります。

- **あなたのほうから接触の機会をつくってあげましょう**
  きっかけとしてよい方法は、人が集まる場所で１人ぽつんと立っている人に近づき、こちらから自己紹介し、あいさつ程度の短い会話をすることです。できれば、その人をほかの人にも紹介してあげましょう。
- **シャイな人が良く見えるよう手助けしてみましょう**
  自分の関心領域や専門領域の話をするとき、人は最も自信を感じます。したがって、シャイな人の興味のあることや知識が豊富そうな話題を見つけ出し、その後の大勢での会話で、その話題を取り上げてあげましょう。
- **みんなと会話を続ける手助けをすることができます**
  会話の輪から外れている人に気づき、ときどき意見を求めたり感想を聞いたりするのは、かしこくて思いやりがある方法です。このとき、相手の人が慣れるのにかかる時間を考えると、何回かこのような行為を繰り返す必要があるということも忘れないでください。ここまでくると、あなたにもはっきりわかったはずです。自分以外のシャイな人を助けることは、ほかの人が心安らぎ、自信ももてるようになるお手伝いをしているだけでなく、ほかの人に関心を向けることで、あなたが自分を過度に意識しなくてすむという別の利点もあるのです。

あなたはどうですか

人が集まる場所において、ほかの人を心安らかにし、自信をもたせてあげる手助けができる状況を考えてみましょう。さらに、その人たちが社交的に成功できるためにあなたができる行動を書いてみましょう。

「今はほとんど不安を感じず、職場でお客様に自然にあいさつできるようになりました。すぐに笑顔もつくれますし、この一瞬の触れ合いを楽しんでさえいます。

でも、ちょっと考えてみたのですけれど、それは仕事で食品を袋に詰める作業をし続けているからなのではないかと思うのです。

作業に夢中で、自分のことに気を取られている時間がないのです」

●21歳、食料品店店員

「親しい友人や表面的なつきあいをしている知人たちは、私がシャイな感覚の持ち主だとは決して思っていないはずです。人が集まる場所で居心地悪そうにしている人たちの緊張をほぐしてあげることがよくあります。

私にはシャイネスの人をかぎ分けるアンテナがあるのです。

その人たちの心を安らげることで、私も心安らぐことができています」

●27歳、高校教師

カルドゥッチ先生から一言

「ちょっとした社交的な思いやりや気遣いは、
ほかの人との社交的交流を始めるためのきっかけとして使えるのです」

ふりかえってみよう

あなたと同じような人たちもシャイと上手につきあえる人になるために、ちょっとした社交的な思いやりを使うことによって、どのように助けてあげることができると思いますか。以下に示した戦略を実行したことはありますか。もしまだでしたら、試してみようと思いますか。

「ちょっとした社交的な思いやりや気遣いは、ほかの人との社交的交流を始めるためのきっかけとして使えるのです」

第29日

ボランティアをしてみませんか？
情けは人のためならず。

知っておいてほしいこと

シャイネスと特に関連があるわけではないのですが、ボランティア活動は、あなたがシャイと上手につきあえるようになるのに役立ちます。

ボランティア活動は、驚いたことに、シャイな人に特有の多くの問題に対する解決策を提供してくれます。ボランティアとして奉仕すると、あなたは自分を過度に意識しなくてすみます。それは、ボランティアの仕事は職場や学校での普段の仕事よりも責任や負担が小さいからです。また、ボランティアとして手助けする場合、その活動への期待は一般的に低く、あなたは専門家である必要はないのです。そこでは、助けたいという心があれば、それだけでいいのです。

ボランティア活動をしているときは、自分を過度に意識せず、自分に対して批判的にならないことが多いのです。なぜならば、ストレスが少ないので、あなたは素の自分でいられ、ほかの人を助けるという目の前の仕事に集中できるはずです。

さらにボランティアとしてほかの人を助けているあいだ、あなたは自分の心安らぐ場所を拡大させてもいます。ボランティア活動では、人が集まる場所や状況でいつも感じる「うまく行動しなければ」というプレッシャーを感じることなく、あなたは新しい状況を体験することができるのです。また、ボランティア活動が多くなると、あなたは人や物事について多くのことを学べるはずです。その結果、あなたはさまざまな状況――いろいろなタイプの人との接触やさまざまな話題についての議論――で心安らぐことができるようになるのです。最終的に、ボランティア活動の経験がほかの人との会話を成功させるのにかかわる基本的要因、つまり会話を始める、維持する、ひろげるといったことの多くを助けてくれるのです。

最後に、ボランティアであるということは、あなたの社会ネットワークをひろげるのにも役立ちます。ボランティア活動を通じて初めて出会った人たちの何人かは、必ず一緒にいて楽しいと感じられる友だちになるはずです。ボランティア活動を通じて彼らとの関係はすでにできていますから、彼らと打ち解けるのははるかに簡単なことのはずです。つまり、これはどちらにしても損のない状況なのです。つまり、あなたはボランティア活動をし――ほかの人を手助けし、責任を学ぶ――、その過程で新しい友だちができるのです。

あなたはどうですか

あなたがボランティアできそうな場所を考え、そこでボランティアとしてどのような行動をするのか考えてみましょう。さらに、あなたが考えたボランティア活動から得られそうな恩恵や利点をいくつか考えてください。

1.

2.

3.

4.

寄せられた声

「私は、少なくとも大学時代までは、いつも誰かと知り合いになれたし、友だちになれるような集団に所属していました。ところが同じ大学の大学院に進学してからは、孤独を味わっています。なぜって、卒業してもうそういう集団の一員ではなくなってしまったし、どうやって知り合いになればいいかわからないし、友だちになる方法もわからないのです」

●25 歳、大学院生

「私は動物愛護家で、野良猫にエサをあげたり寝場所を提供したりしています。動物たちを動物病院に連れて行って治療してあげたり、避妊処置を受けさせたりもしています。私はこの役割にとっても満足感を味わっています。

そのわけは、そうすることで接触をもった人たちと関係を築くことができるからです。自分が愛されていると感じるし、必要とされているとも感じるのです。

私は自分を優しくて心がひろくて温かい人間だと思っています。それは多分、自分はシャイなので、ほかの人の気持ちに敏感なせいだと思うのです」

●53 歳、秘書

カルドゥッチ先生から一言

「ボランティアとして奉仕すると、あなたは自分を過度に意識しなくてすみます」

ふりかえってみよう

自分にできそうなボランティアの仕事を探してみましょう。以下に書かれている意見が正しいとしたら、ボランティア活動は自分を過度に意識しなくてすむので、それはとても良いことのように思います。あなたはボランティア活動をやってみようと思いますか。または、この意見をどう思いますか。

「ボランティアとして奉仕すると、あなたは自分を過度に意識しなくてすみます」

第30日

シャイと上手につきあえる生活を送ると、毎日が冒険になる。

知っておいてほしいこと

シャイと上手につきあえる人になるというのは、あなたが外向的な人に変わる、あるいはあなた自身を変えるということではないのです。思い出してください、シャイであることは悪いことではないのです。

シャイと上手につきあえる人になることを目指す目的は、自分を過度に意識しすぎる、自分を過度に批判的に見る、自己不信などのシャイネスの負の側面によって、あなたの選択肢が狭められないようにすることです。そして、シャイと上手につきあえる人になって、自分自身をよく認識し、ありのままの自分を受け入れ、十分な自信をもって良い人生を満喫するということなのです。これらの長所をバネにすれば、あなたは自分の思考回路を変え、シャイネスをコントロールするために必要な洞察と勇気を、手にできるはずです。

シャイと上手につきあえる人になるために重要なことは、自分の人生をより良く築くために、「毎日が冒険の連続だ」と理解することです。これを理解するためには、自分を発達している途中の人間だと考えることです。

次に、自分をシャイな人間だと考えるのをやめる、つまり心の中でそのレッテルを別のものに貼り替え、「どんな状況でもうまく行動できるようになるために、どうしたらより多くの自信がもてるようになるかを勉強中の人間だ」と考えるのです。レッテルを貼り替えたら、忍耐強さが重要です。つまり、自分を変えるには時間と努力が必要であることを理解する必要があります。

最後までできたら、あなたは現実主義的で、変化に動じることもなく、その状態を維持できる人になっているでしょう。また、過去をできるだけ鮮明に覚えておくことが必要ですし、自分に自信をもち楽観的に未来を見つめることも必要です。つまり、過去にシャイネスをコントロールできた成功体験を思い出すことで、あなたは必要な変化を行う勇気を、現在そして将来の状況で得られるはずなのです。

一番大切なのは、心安らぐ場所を飛び出すべきだということです。そのためには、あなたが大切にしている人や、日々の生活の中で大切な人を助けるために学んだ方法として本書で学んだ戦略を用い、あなた以外の人がシャイネスを克服できるよう手助けしてあげてください。

　また、新たに学んだアイディア、知識、経験について、友人、職場仲間、愛する人、隣人、クラスメート、親類縁者に教えてあげてください。

　ほかの人と分かち合うべき内容は、これまで気づかなかった自分に対する積極的な自己認識、本来の自分に対する積極的な自己受容、自分に対する自信の感覚です。このような活気に満ちた感覚を話すことで、友人や愛する人たちにシャイと上手につきあえる人になること、そしてこのような人生を送ることには価値があるということを示せるでしょう。

　このようなあなたの感覚――そしてこの感覚の共有――を日々の生活体験に取り入れることで、あなたの生活は豊かで充実したものになるはずです。そして、これこそがシャイと上手につきあえる人になるということであり、シャイと上手につきあえる人生を送るということなのです。

あなたはどうですか

　日々の生活の中で、シャイと上手につきあえる生活を送れていればうまくいったはずの日々の状況や、感覚を共有したいと思う人について考えてみましょう。また、うまくいくためには何をする必要があるのかを書いてみましょう。

寄せられた声

「10代の頃の私は、ひどいシャイでした。その後驚きの進歩を遂げ、今ではほとんどシャイはなくなりました。自信がついてきたので、もう少し社交的になれるよう、さらに自分の背中を押しています。これこそ進行中の改善プロセスですよ」

●31歳、パティシエ

「ときどき考えるのですが、生まれてからずっと、必ずシャイネスを何かをしないことの言い訳にしてきました。『私にはできません——私はシャイだから』ということです。言い訳にしていると気づいたときには、言い訳するのをやめ、今はいろいろなことをすることができます」

●23歳、大学院生

「つい最近、自分の心を、自由を奪うものとかハンデキャップと考えるのではなく、財産として見るようになりました。今は自分や自分の能力を正直に評価しているので、とても自信が湧いてきて、特定の状況とか特定の人たちの前でしか、シャイになることはありません。実際、自信満々のせいで、たまにまわりにいる人をシャイにしてしまうことがあります。そのことは克服へのもう1つの障害と単純に考えています」

●高校一年生

「わかったことは、私には数え切れないほど良いところがあるし、強い人間でもあるということです。私には恥じるところはないし、逆に他人のためになるところは、たくさんあるのです——だからシャイを感じる必要はないのです。若いころ自分は価値のない人間だと思い、シャイを感じていました。

ようやく自分の価値に気づき、シャイネスと決別することができました」

●55歳、主婦

カルドゥッチ先生から一言

「シャイと上手につきあえる人とは、自分自身をよく認識し、ありのままの自分を受け入れ、十分な自信をもって良い人生を満喫するということなのです」

ふりかえってみよう

以下の意見を、あなたはどのように感じましたか。この言葉に込められた意味を理解できましたか。あなたは、シャイと上手につきあえる人になるという、最終地点までたどりつくことができると感じていますか。

「シャイと上手につきあえる人とは、自分自身をよく認識し、ありのままの自分を受け入れ、十分な自信をもって良い人生を満喫するということなのです」

結び

シャイと上手につきあえる生活。シャイネスを乗り越え、さまざまな人々の中に入っていくライフスタイル。

知っておいてほしいこと

本書『シャイネス・ワークブック』は、シャイネス自体に焦点を当てたものではありません。むしろ本書は、シャイネスがもたらす結果やそれが教えてくれる教訓といったシャイネスのいろいろな側面を深く考えるものです。それは以下のようなものです。

(a) ボランティア活動の意義と心安らぐ場所から一歩踏み出すことの意義。
(b) シャイと上手につきあえる人になること――シャイネスに支配されるのではなく、あなたがシャイネスをどうやってコントロールするかを学ぶこと。
(c) 自分の人生哲学をもち、シャイネスを乗り越えた先にひろがる生活の仕方を考えること。
(d) シャイなあなたは愛する人たちだけでなく、あなたができるすべての人たちを助けられるようになること。

シャイと上手につきあえる生活は、なにも変わったことではありません。『シャイネス・ワークブック』で読んだすべてのプロセス――シャイネスが心と身体にもたらすもの、慣れるのに時間がかかること、心安らぐ場所が限られていること、接近―回避葛藤――は、人間の性質の一部なのです。これらは、誰もが共通してもっているものですが、シャイな人たちの場合はこれらが少し目立っているだけなのです。

私の望みは、あなたが『シャイネス・ワークブック』を読んだことで、さまざまな世界の自分とは違うと思っていた人たちに――シャイな人たちも目立ちたがりやのような人たちにも等しく――自分の言葉であいさつができ、その人たちを助けられるようになってくれることです。

社交的スキル、社交的思いやり、雑談のような短い会話の意義をもう一度思い出してください。これらには、あなたと他者との関係をより親密にさせてくれるだけでなく、社会生活を円滑に機能させる特性もあるのです。それらはあなたのまわりの人たちに心地良さをもたらすものです。

私たちは心配や悩みのない状況では身構えて行動するよりも、むしろ自然に、ありのままに行動するほうが楽なのです。**シャイと上手につきあえる人生**を送るということは、あなたにとって良いことであり、まわりの人にとっても良いことなのです。それは自分の世界をより心地良い場所にしてくれるのです。

この章で『シャイネス・ワークブック』は終了となりますが、この本との関係が終わるわけではありません。ここから、あなたは**シャイと上手につきあえる人生**のスタート地点に立ったということなのです。

このことは心に刻んでください。幸運をお祈りしています。

敬愛を込めて
Bernard J. Carducci, Ph.D.
The Shyness Enrichment Institute

あなたはどうですか

シャイと上手につきあうために、あなたの生活で変えてみたいことはなんですか？　また、あなたがシャイと上手につきあえる生活を始めると、自分の変化は、あなたのまわりの人にどのような影響を及ぼすかも書いてみましょう。

寄せられた声

「私は子どもの頃はとってもシャイだったのです――シャイで極端な神経質というのですかね。誰かと接触をもたなければならない状況はどれも怖かったですね。幸運にも、いつも一緒にいる双子の妹がいたのです。私たちはどんな接触でも切り抜けられるように、お互いに情報交換していました。高校を卒業して大学に入ってからは、シャイはだいぶ良くなってきました。私はすべての接触を、シャイネスを克服するための『修行』と意識的に考えるようにしたのです。単に知らない人と言葉を交わすことも、妹抜きの私ひとりで人と会うことも、アルバイトの仕事をすることも、いろいろな所でボランティアをすることも、みんな修行なのです。知らない人の前で歌うのはずっと怖かったのですが、今ではいつでもどこでも歌えるのですよ。これは私にしてみれば一大事件ですよ」

●シャイネスと上手につきあえるようになった大学生

「私はシャイネスを克服する最良の方法を見つけたのです。それは、勇気をもってシャイネスを引き起こす恐怖と向き合うことなのです。実際は、簡単ではないですよ。まだ心臓はドキドキしますよ。隣の人に心臓の鼓動が聞こえているのではと思えるほどです。私は、ある計画を宣伝するボランティアとして、さまざまな計画に楽しく参加させてもらっています。面白いことに、サッカーワールドカップのボランティアの仕事をしているあいだは、シャイではなかったということに気づいたのです。その理由は、一生懸命していたからだと確信しています。シャイネスを克服するには、夢中になれることをすればいいのです。そうすれば、その行為自体がシャイネスを少しずつ小さくしてくれるのです」

●シャイネスと上手につきあっているボランティア

カルドゥッチ先生から一言

「『シャイネス・ワークブック』は終了となりますが、この本との関係が終わるわけではありません。ここから、あなたはシャイと上手につきあえる人生のスタート地点に立ったということなのです」

ふりかえってみよう

あなたは、以下の意見に賛成ですか。また、シャイと上手につきあえる生活を楽しめると確信していますか。

「『シャイネス・ワークブック』は終了となりますが、この本との関係が終わるわけではありません。ここから、あなたはシャイと上手につきあえる人生のスタート地点に立ったということなのです」

著者紹介・著者の言葉

ベルナルド・J・カルドゥッチ博士（Dr. Bernardo J. Carducci）

アメリカのパーソナリティ心理学者。1981 年にカンザス州立大学にて Ph.D. を取得。インディアナ大学サウスイースト校の正教授であると同時に、同大学シャイネス研究所所長でした。そのほかにも学会役員や社交力強化協会のコンサルタントも務め、本書のほかにもシャイネスに関する多数の著作があり、さまざまな国で翻訳書も出版されました。

たいていの人々は、心理学者は研究と、重度のうつ病や不安障害、衝動性や敵意などのパーソナリティ障害などのような心理学的問題をもつ人の治療にほとんどの時間を費やしていると考えています。しかし、私の心理学者としての興味と努力はそこにありません。パーソナリティ心理学者としての私の興味と努力は、「健全なパーソナリティがどのように作用しているか」を調査すること、そして、日常生活にうまく適応している人がどのように優れたパフォーマンスを発揮しているかという知識を共有することにあります。そこで研究領域であるシャイネス研究と『シャイネス・ワークブック』の内容を簡単にご紹介します。

『シャイネス・ワークブック』とは？

シャイネスは普通に、誰にでも共通する生活の一部であり、まれな心理的障害ではありません。

過去 40 年間、私はシャイネスに関する研究を行ってきましたが、シャイであることは悪いことではないのです！　シャイネスは、治療を必要とするような社会的不安（SAD）や社会恐怖（Social phobia）といった心理的障害ではありません。**私の見解では、シャイネスはすべての人がある程度もっているパーソナリティの特徴の１つなのです。**実際、私の大規模な研究では、世界中のさまざまな人々の約 40 パーセントが自分自身をシャイであると思っており、95 パーセントの人が日常生活のさまざまな場面でシャイネスを感じると報告しています。だから、あなたがシャイであると思っていても、あなたは１人ではありません！

実際、本書を読むと、シャイが引き起こす問題によって生じる同じ苦労を多くの人が共有していることを実感します。世界中の人がシャイネスを経験しているだけでなく、自分自身をシャイだと感じる人々の割合も 1975 年の調査では 42 パーセントでしたが、2015 年には約 45 パーセントに上昇しています。なぜ、上昇したのでしょうか？　それは、現代社会におけるさまざまな変化と同様に、世界中の人々がデジタル通信に多くの時間を費やし、会話の時間がますます少なくなったからであると思われます。このデジタル通信の利用の増加が、日常会話で直接他者と仲良くする能力を低下させたように思われるのです。特に、シャイな若い男性においてその傾向があると思います。

人生の重要な課題におけるシャイな人の問題領域

シャイな人にとって、シャイネスが問題を引き起こす共通の領域は、人生の最も重要な課題や幸福の源にあります。シャイな人が自分のシャイネスによって問題が生じる最も重要な領域として報告していることは、社会的な対人関係の領域です。特に、対人関係においてシャイな男性に共通する問題は、電車を待っていたり、ショッピングモールで買い物をしたり、バーに座ったりしているあいだに、魅力的な人と簡単な会話を始めるなど、ごく普通の社会的状況で誰かにアプローチするための最初の会話にあります。さらに、シャイな人は、限られた家族、何人かの親しい友人、そして日常的に交流する少数の同僚以外の人と一緒にいると、快適さを感じることができないのです。

シャイな人が新しい友人を作るためには、これまでやったことがない活動をし、さまざまな人々に会うための場所に行って、自分の心地良い場所をひろげることを積極的に行う必要があります。また、あるシャイな人々は、積極的に自分の心地良い場所から出ていって、興味深く魅力的な人との簡単な会話を始めようとしますが、これらの出会いを、愛や結婚につながる可能性のある重要な恋愛関係へと至るような社会的な対人関係にまでひろげていくことができません。

さらに、シャイな人は、自分の職業的なキャリアにおいてもシャイネスから生じる問題があることを報告しています。シャイな人は、会議中に自分のアイディアや示唆を話し合って共有することはあまりしたくないので、職場の上司に気づいてもらえないといったキャリア関係の問題を頻繁に口にします。また、オフィスの外では、上司、顧客、同僚との交流でも、自分のシャイネスが原因で感情を表現したり、会話をする能力がないことを報告します。そしてそれは、多くの場合、上司、顧客、同僚といった公式な職場以外で、うまく関係性をもてないという自分の能力に直接結びつきます。

最後に、シャイな人は、教育の分野でも自分のシャイネスが原因で問題が生じることを報告しています。シャイな人の学校での心配は、誰に助けてもらえるかということです。シャイな人は授業中に質問したり、授業後に先生に質問したり、授業以外で教授のオフィスを訪ねたりすることができないので、教育場面でも援助を得ることが難しいと報告しています。シャイでない人と比べて、シャイな人はキャリアに関する計画と準備といった助言を提供している教育関係者の援助を自分から求める可能性は低いのです。シャイな人が教室の内外で先生や専門家の助けを求めることができないことが、どれほど教育上の発達と成功という点で問題を生じさせているかどうかは容易にわかります。以上のように、シャイネスの感情は人生の最も重要な領域に影響を与えるのです。

このようにシャイであることの最も大きな問題は、シャイな人は人生で自分の夢や目標を達成できなくなってしまうことです。シャイネスに効果的に対処するためのカギは、シャイな人がシャイネスについて理解し、その知識を使って自分のシャイネスをコントロールすることです。

シャイネスとは何か？

“シャイネス”とは、社会的状況の前・中・後に自分はダメだという確信を抱くことにより恐怖の感情や行動抑制という形で現れる感情的、認知的、行動的要因の結果、社会的状況にうまく反応できないことを指す概念です。

私の見解では、シャイな人が自分のシャイネスに効果的に対処するためには、これらの各要因が、自分のシャイネスによる経験からその人自身がどのように感じ、考え、行動するかという反応を知り、役立てなければなりません。

シャイネスの感情的要因は、ある社会的状況が生じる前かその最中、あるいは社会的状況が終わったあとのどこかで、不安、筋肉の緊張、心拍数の上昇、胃の不調、そしてシャイな人がよく経験するさまざまな心理ー身体的反応が多数組み合わさってしまう反応です。これによって、建設的な思考やアイディアを構築することがうまくできない、あるいは不安が高まることで、社会的状況で効果的に反応する適切な行動ができなかったりする悪影響があるのです。

シャイネスの認知的要因は、ある社会的状況が生じる前かその最中、あるいは社会的状況が終わったあとのどこかで、シャイな人は自分自身に対してある特徴的な思考をもちます。たとえば、「みんなが私を見つめている」という過剰な自己に対する意識、「自分はとても愚かなことを言った」という否定的な自己評価、「パーティでは誰も私に興味を示さない」という不合理な信念体系の思考をもってしまうのです。これにより、シャイな人は、自己不信、自信喪失、失敗を生じさせる思考や感情を自ら発達させることで、過度に否定的な考えや物の見方をつくり出すという悪影響があります。

シャイネスの行動的要因は、社会的状況において適切な反応や応答ができないといった行動表現に現れます。たとえば、アイコンタクトを避けたり、自分と他者との間にある距離がなかなか縮まらないといった社会的回避に現れたり、「パーティで誰とも話さない」といった行動抑制に現れます。これによって、シャイな人は学校、職業生活、社会的対人関係あるいは恋愛関係において、自分自身が望む目標を達成するための行動ができないといった行動抑制の悪影響があるのです。

自分のシャイネスに翻弄されるのではなく、自分のシャイネスをコントロールすることを学ぼう

冒頭で述べたように、私がパーソナリティ心理学者として努力していることは、日常生活ですでにうまく行動できる人たちが、より良く働けるよう手助けすることです。これは、特にシャイな人の手助けをする、私にも当てはまるのです。つまり私の目標は、自分のシャイネスによって夢や目標を達成できないシャイな人々が人生の重要な領域でより良い成果を出すために、人生のさまざまな場面ですでに優れたパフォーマンスを発揮しているシャイな人々を助けることです。私は、シャイな人を変えることには興味がありません。先ほど述べたように、シャイは悪いことではないのですから。私の目標は、自分のシャイネスに翻弄されるのではなく、自分のシャイネスをコントロールすることを学ぶことで、さまざまな場面でより効果的に対処できるようにすることです。この目標を達成するために、本書は、自分のシャイネスに翻弄されるのではなく、コントロールするために、自分のシャイネスについて自分がどのように感じ、考え、行動するかという反応を理解し、変化していくための役に立ちます。シャイネスの感情によって妨げられていた自分の人生の目標を達成することや、あるいは職業的生活の重要な分野でより成功するためにシャイネスの知識を使うことができます。シャイネスをより効果的に扱うために計画された戦略に関する情報をどのように使うかという詳細な方法も記述されています。

最後に、自分のシャイネスを効果的に扱う方法を学ぶことによって、より成功しようと望むあなたの生活のさまざまな領域に本書の戦略を組み入れ、自分のものにし、さらにシャイな人に必要な自信を育てる戦略を練習する方法についても説明します。これについての説明は、4ページの「この本の読み方と使い方」に記載されています。

日本語版への謝辞

本書『シャイネス・ワークブック』についてもう1つ重要なコメントをさせてください。本書の出版前から、日本のパーソナリティ心理学者でもある松田浩平教授と佐藤惠美博士との共同研究により『シャイネス・ワークブック』の日本語訳を提供する機会を得ることができたことは光栄なことです。また、本書の優れた日本語翻訳を提供するために、山口善昭教授（東京富士大学）は翻訳に必要な時間と示唆を惜しみなく与えてくれました。彼らとは、日本人のシャイネスに効果的に対処するための熱意を共有することができました。私にこの機会を与えていただき、本当にすべての努力に感謝しています。最後に、本書が日本のみなさんと喜びを分かち合い、日本のみなさんにとって有益で力づけるものであることを祈っています。

Best regards,
Bernardo J. Carducci, Ph.D.

カルドゥッチ博士への謝辞

著者であるベルナルド・J・カルドゥッチ博士と私たちは 2015 年ミラノで開催された学術会議“15th European Congress of psychology”で初めてお会いしました。博士は初めて出会った私たちにとても親切で、シャイネスに関する研究についてご指導くださいました。2017 年 9 月に来日し、日本パーソナリティ心理学会第26回大会（東北文教大学）において、“Wanted to Know About Shyness But Were Too Shy to Ask: A Personal and Professional Journey of a Personality Psychologist.（誰もが知りたがっているくせに、恥ずかしすぎて聞きにくいシャイネスのすべてを教えましょう：パーソナリティ心理学者としての私の人生と研究の軌跡）”の招待講演を行ってくださいました。その後、私たちは2018年4月に雑誌“Personality and Individual differences”にて共同研究としてReview：“A Factor Analytical Investigation of the Japanese Translation of the Cheek-Buss Shyness Scale in Support of the Three-Component Model of Shyness.（シャイネスの3因子モデルを支持する日本語版チークバスシャイネス尺度の因子分析的調査研究）”の論文を提出し、カルドゥッチ博士のもとで本書の翻訳を進めておりました。しかし、博士は、志半ばにして2018年9月22日にご逝去されました。博士からはシャイネスに関する研究やアメリカでの最新の研究動向などさまざまなことをご指導いただきました。来日の際、鎌倉の旅行と山形の自然をとても気に入られたことをとてもうれしく思います。ここに謹んで哀悼の意を表します。

佐藤恵美・松田浩平

参考文献

シャイネスや本書で議論した話題に関してもっと知りたいと思った方は、インディアナ大学サウスイースト校シャイネス研究所のウェブサイト（www.isu.edu/shyness）にアクセスするか、以下の文献をお読みになることをお勧めします（いずれも英文）。

- Carducci, B.J.（1999）. *The Pocket Guide to making successful small talk: How to talk to anyone anytime anywhere about anything*. New Albany, IN: Pocket Guide Publishing.
- Carducci, B.J.（2000a）. *Shyness: A Bold new approach*. New York: Harper Perennial.
- Carducci, B.J.（2000b）. Shyness: The new solution. *Psychology Today*, 33, 38-40, 42-45, & 78.
- Carducci, B.J.（2000c）. What shy individuals do to cope with their Shyness: A content analysis. In W. R. Crozier（Ed.）, *Shyness: development, consolidation, and change*（pp. 171-185）. New York: Routledge.
- Carducci, B.J.（2001）. Are we born shy? *The Psychology Place* [Online, Archive: Op Ed Forum, February 2001]. Available: http//psychplace.com/archives/editorials.
- Carducci, B.J.（2003）. *The shyness breakthrough: A no-stress plan to help your shy child warm up, open up, and join the fun*. Emmaus, PA: Rodale.
- Carducci, B.J., & Zimbardo, P.G.（1995）. Are you shy? *Psychology Today,* 28, 34-41, 64, 66, 68, 70, 78, 82.
- Sato, E., Matsuda, K., & Carducci, B.J.（2018）. A Factor Analytical Investigation of the Japanese Translation of the Cheek-Buss Shyness Scale in Support of the Three-Component Model of Shyness. *Personality and Individual Difference*. 124, 160-167.
- Zimbardo, P.G.（1990）. *Shyness: What it is, what to do about it*（Reissued Ed.）. Reading, MA: Addison-Wesley.
- Zimbardo, P.G., & Radl, S.L.（1999）. *The shy child: A parent's guide to Preventing and overcoming shyness in infancy to adulthood*（2nd ed.）Cambridge. MA: Malor Books.

訳者紹介

佐藤惠美

東京富士大学准教授。博士（心理学）、公認心理師。

白百合女子大学大学院文学研究科発達心理学専攻博士課程修了後、2009 年より東京富士大学専任講師、2012 年より現職。専門は青年期のパーソナリティ発達に関する研究（学業に対する動機づけ、シャイネス）と、青年期における職業適性とキャリア選択に関する研究から、大学生以降のキャリア発達を将来的な観点から支援する研究を行っている。主な著書は、「SDS（The Self Directed Search）キャリア自己診断テスト、およびその手引き書」（共訳、2006、日本文化科学社）など。

松田浩平

東北文教大学教授。修士（文学）。

日本大学大学院文学研究科心理学専攻博士後期課程単位取得後、1987 年より豊橋短期大学（現、豊橋創造大学）講師、東海大学講師、文京学院大学教授を経て 2011 年より現職。専門は個人差に関する研究で、職業適性や個性、動機づけの研究などにも関わる。現在は、大学生から社会人の動機づけや個人特性について実験心理学の手法で研究を行っている。主な著書は、『経営組織診断の理論と技法』（共著、1995、同友館）、『応用心理学事典』（編集委員、2007、丸善）など。

シャイな自分に悩んだら　30日で身につく シャイネス・ワークブック

自分の個性を理解して、シャイと上手につきあえる人になろう

2020年 1 月25日　初版第 1 刷発行

著　者　　ベルナルド・J・カルドゥッチ
訳　者　　佐藤恵美、松田浩平
発行者　　宮下基幸
発行所　　福村出版株式会社
〒113-0034　東京都文京区湯島 2-14-11
電話　03-5812-9702／ファクス　03-5812-9705
https://www.fukumura.co.jp
印刷・製本　　中央精版印刷株式会社

ISBN978-4-571-24081-2